# A Clínica Psicanalítica na Sombra do Discurso

Marlene Guirado

# A Clínica Psicanalítica na Sombra do Discurso

*Diálogos com aulas de Dominique Maingueneau*

Casa do Psicólogo®

© 2000 Casa do Psicólogo Livraria e Editora Ltda.
É proibida a reprodução total ou parcial desta publicação, para qualquer finalidade, sem autorização por escrito dos editores.

**1ª Edição**
2000

**Produção Gráfica & Capa**
*Valquíria Farias dos Santos*

**Revisão Gráfica**
*Lucila rublevicius Segóvia*

Dados Internacionais de Catalogação na Publicação (CIP)
(Câmara Brasileira do Livro, SP, Brasil)

---

Guirado, Marlene

    A clínica psicanalítica na sombra do discurso: diálogos com aulas de Dominique Maingueneau / Marlene Guirado. — São Paulo: Casa do Psicólogo, 2000.

Bibliografia.
ISBN 85-7396-087-6

    1. Análise do discurso 2. Maingueneau, Dominique 3. Psicanálise 4. Psicologia clínica I. Título. II. Título: Diálogos com aulas de Dominique Maingueneau.

---

00-2699                                                              CDD-150.195

---

**Índices para catálogo sistemático:**
1. Psicanálise: Teorias: Psicologia 150.195

**Impresso no Brasil**
*Printed in Brazil*

Reservado todos os direitos de publicação em língua portuguesa à

Casa do Psicólogo Livraria e Editora Ltda.
Rua Alves Guimarães, 436 Pinheiros 05410-000 São Paulo SP
Tel.: (11) 852 4633 e-mail: casapsi@uol.com.br

*Para você, Luisa.*
*Agora e sempre.*
*Em meio a muito surf.*

# SUMÁRIO

Apresentação ................................................................. 9

**Parte I — O discurso**

Para Começar ... — O que quer dizer discurso? ...................... 17

Aula — Sobre o Discurso e a Análise do Discurso ..................... 21
    As disciplinas do discurso ................................................. 22
    O que é um gênero de discurso? ...................................... 24
    Diversidade das vertentes da análise do discurso .......... 25
    Enunciação e Pragmática .................................................. 26

E a Clínica? — Há algum acordo? ...................................... 33
    No plano da escuta ........................................................... 33
    "Se eu quero fazer análise? Vocês é que sabem..." .......... 36

**Parte II — A Palavra Aberta**

Para Começar... — A travessia do Discurso ......................... 43

Aula — Sobre a Heterogeneidade no Discurso ..................... 47

E a Clínica? — Polifonia (e) Inconsciente ......................... 65
    As múltiplas vozes e o sujeito da fala .............................. 67
    O analista como ator em cena .......................................... 69
    A dimensão psíquica da palavra aberta ........................... 71
    O enquadre e as subversões polifônicas .......................... 73

## Parte III — A Cena

Para Começar... — A cena Psicanalítica ........................................ 79
    Da instituição da cena ...................................................... 80
    Com Freud, a cena primeva. Isto é, a cena genérica ...................... 83
    Psicanalítico, mas não só. Discursivo, mas não lacaniano .............. 85
    Da clínica freudiana à clínica nossa de cada dia ......................... 86

Aula — Sobre os Gêneros Discursivos ........................................ 91
    O Gênero Discursivo e suas implicações como analisador ............. 91
    Gênero de Discurso como "quadro" ....................................... 93
    As metáforas que permitem caracterizar o Gênero de Discurso ..... 94
    Os níveis de análise do Gênero de Discurso .............................. 96
    As Comunidades Discursivas ............................................... 100
    A Análise do Discurso e os psicólogos ................................... 103

E a Clínica? ..................................................................... 107
    Na Transferência, a Reconstituição da cena psicanalítica ........... 107
    Vizinhanças desse conceito em Freud ..................................... 108
    Um conceito iminentemente clínico ....................................... 109
    Transferência, cena, marcação de lugares ................................ 122

## Epílogo

Enfim.... — Reafirmando ...................................................... 129

## Bibliografia ..................................................................... 131

# Apresentação

A clínica psicanalítica, prática de porte entre nós pelo menos ainda, é uma instituição que, percalços constitutivos, se fortalece cada vez mais.

Os profissionais da área, há décadas, queixam-se do mercado de trabalho, das restrições aos recém-formados, da reserva de clientela pelos mais antigos, da oscilação no plano da demanda por nossos serviços, da precária qualificação oferecida pelos cursos de formação, da fragilidade de sua imagem em comparação com a de outros serviços de saúde, do rebaixado estatuto do sofrimento psíquico combinado às dificuldades financeiras para garantir os custos de um processo de tratamento, e assim por diante, como não poderia deixar de ser.

Os teóricos, com as mãos ora mais ora menos livres dessa massa de problemas mundanos como os de sustentação concreta da profissão no mercado, não param de correr atrás do prejuízo, ou melhor, de um aparente abismo entre a discussão intelectual e os apelos das situações cotidianas. Como se não fossem verso/reverso/diverso de um mesmo tecido da prática institucional da psicanálise. Afirmam e reafirmam, como que em paralelo à *clínica*, o que constitui a essência da análise e da interpretação, as diferenças entre terapia e análise, as condições da ética do processo analítico, suas finalidades e sua relação com a cura. Talvez com menor freqüência mas colocando-se igualmente à margem ou no paralelo das situações empíricas, fazem-se as discussões sobre *princípios filosóficos* e *referentes teóricos* das escolas psicanalíticas ou, dizendo de outro modo, das tendências em psicanálise.

Os termos anteriormente grafados em itálico não se escolheram por acaso. Se o leitor atentar para o sentido mais imediato das palavras, notará que há uma espécie de oposição *teórico/prático*; uma oposição gerada nas condições mesmas de produção disso que nomeamos as *práticas psicanalíticas*. Não haveria, portanto, apenas uma distância, calculada pelos termos do discurso, entre as orientações inglesa, americana e francesa da psicanálise, mas também entre os domínios da *clínica*, como um tipo de empiria que correria ao largo da *teoria* ou da *reflexão* a respeito dessa clínica.

Neste livro não se pode dizer que escapamos ao terreno de tais dicotomias. No mínimo, estaremos considerando que elas existem. A preocupação é a de tratar da clínica psicanalítica o mais próximo possível das questões que se levantam aqueles que trabalham em seus consultórios, às voltas com os problemas de seus pacientes. No entanto, que ninguém se iluda: nada de guias práticos para a condução de uma sessão. Em verdade, a preocupação é a de tratar da clínica psicanalítica, partindo das questões que fazem eco em seu exercício, mas demonstrando, teoricamente, a viabilidade concreta de um certo modo de fazê-la.

Que modo é esse? O livro todo se destina a explicá-lo e justificá-lo. Por ora, dediquemo-nos às apresentações.

A começar pela autoria atípica — aulas de um lingüista e discussões na forma de ensaio de uma psicanalista — sugere-se que os purismos estão à parte. Ou melhor, os fechamentos abusados, no interior de *uma* área do conhecimento ou de *uma* instituição do exercício profissional, são deixados de lado. Não por uma tendência modal à interdisciplinariedade, mas pelo movimento mesmo daquilo que se produz nos atendimentos clínicos: discurso e análise. Terra de ninguém, tanto um como o outro fazem-se, reproduzem-se, modificam-se ao sabor das especificidades das instituições (lingüística e psicanálise, sessão terapêutica e análise de um texto escrito ou de uma obra literária) em jogo.

Em outras ocasiões, como nos cursos ministrados pelo professor Dominique Maingueneau na USP, em seus livros e em outros de minha autoria, insistiu-se em demarcar as especificidades de recorte e, portanto, de produção de conhecimento num e noutro campo. Neste livro, insistir-se-á no que é possível compor, isto é, nos pontos de ultrapassagem permitidos entre eles. Aparentemente uma heresia para quem sempre se ocupou de chamar a atenção para as diferenças e para os cuidados com as migrações de conceitos. No entanto, evitando as radicalidades e aproveitando de um canal já aberto, sobretudo na psicanálise francesa, de aproximá-la da lingüística, trilharemos o caminho aparentado da relação possível entre psicanálise e AD.

Dominique Maingueneau é lingüista, professor da Universidade de Picardie — Campus de Amiens, na França. É autor de dezenas de livros, dentre os quais cinco já se encontram traduzidos para o português e o de maior divulgação entre nós é o *Novas Tendências na Análise do Discurso*. Analista do discurso, como se apresenta, tem sido convidado por seus pares para vir ao Brasil, várias vezes, nos últimos anos. Nós, do Instituto de Psicologia da USP, já contamos com sua presença em dois cursos à Pós-Graduação. Por mais que se falasse, não se conseguiu esclarecer completamente a razão de tal convite, tão estranho aos olhos de quem não vê relação entre os dois campos do conhecimento. Mais um motivo para que este livro fosse escrito. Ele reunirá algumas das aulas ministradas no curso de Pós. Seguindo e/ou antecedendo cada capítulo-aula, farei comentários e discussões que nada mais são do que as aproximações que reconheço como possíveis, intrigantes e interessantes com a prática clínica de psicólogos e psicanalistas.

A intenção é a de identificar na Análise do Discurso, como um ramo das Ciências da Linguagem, idéias ou aspectos que, apesar da especificidade das relações dos termos, dentro do discurso que constitui essa área, poderiam *influenciar* de três maneiras nosso trabalho clínico.

*Influencia, em primeira instância,* no plano da compreensão das terapias ou análises como *práticas discursivas* em si, ou melhor, como algo que acontece numa íntima relação com o *contexto,* como um conjunto de relações que funda as falas, eliminando em grande e sigiloso estilo as surpresas do processo. Isto não quer dizer que nada mude ou tenha resultados. Mas, sim, que os efeitos, os movimentos de uma sessão ou do processo como um todo não se fazem fora dos discursos ou dos gêneros discursivos que atravessam uma análise (Parte III). Há de certo modo um *campo de possíveis* resultados que têm a ver com o método psicanalítico (como diria Freud), com o lugar de analista que assim se reconhece e autoriza, com a demanda e o reconhecimento da clientela, com o que se teoriza como psiquismo, como finalidade da análise e sua necessidade. E tudo isto pode ser entendido como *contexto* ou *prática discursiva*. Sociedade discursiva, no dizer de Foucault (Foucault, 1980).

*Influencia, ainda*, no plano de conceitos como o de discurso, enunciação, cena discursiva (Partes I e II), favorecendo uma compreensão diferente da habitual sobre o que é o ato analítico e implicando-nos nele, na qualidade de analistas, para além do que dão conta os conceitos de transferência e contratransferência, tal como desenvolvidos por certas psicanálises.

*Influencia, por fim*, ao discutir a questão da não transparência do discurso, bem como sua heterogeneidade, conforme se verá na Parte II. Nós, os psicanalistas, estamos absolutamente familiarizados com a idéia de que o que se fala aos ouvidos da consciência e da convivência social não é toda a verdade do que se diz. Os analistas do discurso, na vertente com que trabalhamos, no entanto, têm pressupostos diferentes dos nossos para entender/explicar a opacidade da fala. Isto, como poderemos notar na leitura do livro, não impede que os índices de heterogeneidade do discurso, como a ironia, as paráfrases e o discurso indireto livre, introduzam um movimento novo na escuta ou no ato analítico. Considerá-los amplia as possibilidades de fazer a análise e restringe os riscos de uma interpretação apressada, *by the book*, que teria mais a ver com o imaginário do analista do com os sentidos, desígnios e desejos do analisando.

A essas três *influências* chamamos de *pontos de articulação possível* entre a Análise de Discurso e a Psicanálise, *no* plano do *exercício da clínica*. Por certo não são os únicos, sequer podemos afirmar que seja uma articulação inevitável, necessária e suficiente para nomear nosso trabalho como psicanalítico. Simplesmente, destacamos, num recorte dos dois campos do conhecimento e das análises concretas, idéias ou aspectos que, numa sorte de parentesco, podem desenhar um perfil diferente aos atendimentos da clínica.

Como não somos marinheiros de primeira viagem por mares tão conturbados como o dessas tentativas cautelosas de articulação, já podemos nos adiantar e anunciar alguns dos impasses ou, na melhor das hipóteses, das reações de nossos colegas-leitores. Tanto mais intensos quanto mais prezarem eles o alinhamento às escolas consagradas e difundidas por instituições como Associação Psicanalítica Internacional (com sede em Londres) ou como a extinta, mas ainda imaginariamente forte, Escola de Estudos Psicanalíticos (de Lacan, com sede em Paris). Nada mais natural e esperado. Aliás, está exatamente aí o desafio maior que enfrentamos: o de sermos o mais convincentes que pudermos em nossos argumentos e demonstrações de que, *sem descaracterizar o trabalho psicanalítico, diversificamos sua condição de ação.*

Também não somos desinteressados de, como dissemos acima, convencer o leitor a respeito da viabilidade e da importância desse modo de fazer psicanálise. Ou seria melhor nem começar a conversa, não é? É até mais indicado, esse clima, para desenvolver as idéias a sangue quente.

Diz a experiência, nos Cursos de Pós-Graduação, nos debates públicos ou nos círculos de amigos, que serão apontadas semelhanças e diferenças, sempre escusas, com o pensamento lacaniano. Isto é em parte verdadeiro e em parte equivocado. No momento justo do texto, faremos as discussões apropriadas. Por sua vez, os porta-vozes da psicanálise de M. Klein e de Bion poderão torcer o nariz e recusar alianças diante de uma psicanálise, considerada por eles tão fria e esvaziada de sentimentos e afetos, como esta que carrega nas tintas da realidade discursiva. Também isto, no momento que nos parecer adequado, discutiremos.

Ora, levar em conta esses possíveis embates, não necessariamente nos jogue para as radicalizações. Pelo contrário, exigirá tato e palavras que esclareçam as posições.

Agora, algumas palavras sobre o título do livro; antes, sobre o subtítulo: *Diálogos com aulas de Dominique Maingueneau.*

Trata-se, em verdade, de um "diálogo imaginário" uma vez que os capítulos de autoria de Dominique Maingueneau são transcrições de aulas ministradas por ele no Curso de Pós-Graduação, em 1995, a uma platéia interessada em conhecer a Análise do Discurso, âmbito ao qual ele permaneceu restrito em suas exposições. Os capítulos de minha autoria, por sua vez, foram escritos já no horizonte deste livro, buscando um leitor interessado em questões clínicas da psicanálise. Portanto, um livro atípico, uma autoria atípica, com formatos e diálogos atípicos, na tentativa de configurar terrenos igualmente atípicos para a clínica.

As relações conceituais e de procedimento entre uma e outra áreas nem sempre estão evidentes; muito menos, prontas. Faz-se necessário, então, construí-las. Isso mesmo: construí-las! E assim se define o escopo deste livro. Ao leitor caberá a mesma tarefa de construir, em pensamento, a cena de um diálogo entre um lingüista e uma psicanalista, situando da melhor maneira possível as questões que porventura tiver.

# PARTE I

# O DISCURSO

# Para Começar...

# O que quer dizer discurso?

Uma das marcas da clínica psicanalítica é que trabalhamos com a palavra: do paciente e do analista. Eventualmente, um gesto ou uma expressão facial ganham a função de linguagem e, à moda da tendência da psicanálise que se faça e se professe, são pontuados e interpretados.

Desde Freud, a palavra é um potente representante psíquico, via constitutiva do inconsciente, bem como de acesso a ele. Seus primeiros escritos, na virada do século, trazem ao conhecimento essa grande invenção: impulsos, energia na pura forma de quantidades, atestam sua dimensão psicológica quando alcançam algum tipo de associação a representantes como a imagem e a palavra. São os mesmos instrumentos que, na análise, se prestariam para a recuperação de sentidos perdidos à consciência pela repressão (sobretudo na histeria) e outras defesas, como o isolamento e a formação reativa (na neurose obsessiva).

Por mais que se acentue um ou outro aspecto e por mais que se altere esta ou aquela compreensão, parece ser definitivamente esse o lugar da palavra na psicanálise: mensageiro de verdade inconsciente. Tanto que a interpretação é o *modus operandi* privilegiado da clínica.

Sabemos que, dependendo da escola em questão, se conceituam inconsciente e linguagem de formas diferentes. Podemos, a partir daí, pensar que este lugar de "mensageiro" será diferentemente atribuído à palavra: ora com uma relação mais imediata entre um termo e seu sentido inconsciente (como na maioria das modalidades de análise), ora com uma relação marcada pela constituição de significações fundadas na estrutura da fala (como no caso da vertente francesa). E todo cuidado é pouco para que não se misturem as águas. No entanto, nada é mais caracteristicamente psicanalítico do que a relação palavra/inconsciente. Dizer de uma é dizer, de algum jeito, do outro.

É aqui que reside uma distância intransponível entre a psicanálise e a lingüística. Para esta última, inconsciente e palavra não são o binômio definidor de sentidos ou termos inelutavelmente relacionados. Além disso, na diversidade que caracteriza esse campo do conhecimento, há toda uma história das compreensões a respeito de o que seja linguagem, sua relação com a realidade e com o sentido.

Em meio a isso, no presente livro, aproximamo-nos de um ramo da lingüística que também tem sua história e suas diferenças, a Análise do Discurso. Um conceito de linguagem como discurso, de discurso como formação discursiva, de contexto e interdiscurso, de enunciação e enunciado, de cena enunciativa e estaremos falando a partir de um contexto teórico particular que não é toda a lingüística e está muito longe de ser psicanálise.

Como o leitor pode notar, é andar em fio de alta tensão esse trabalho de marcar as diferenças para, com elas e nelas, fazer aproximações que pareçam viáveis, minimamente estáveis e (por que não?) desejáveis, de tal modo a não sufocar o pensamento e a criação, ainda que num terreno sempre instituído. Tensão maior ainda se anuncia quando a intenção é trazer todas essas reflexões para o plano da clínica nossa de cada dia.

O tema da aula de Dominique Maingueneau, no capítulo seguinte[1], é exatamente o campo em que se define a Análise do Discurso e nesta, o campo em que se define discurso. É preciso acompanhar a exposição como quem, apesar de não pertencer à mesma comunidade discursiva, pode se dar conta de relações fundamentais naquilo que está sendo ensinado e pode produzir um diálogo entre as informações novas e aquelas de que dispomos pela psicanálise. Um diálogo que receberá reforços nos comentários tecidos ou na situação concreta historiada logo a seguir, no capítulo que fecha esta Parte I.

---

1. Será reproduzida parte da primeira aula do curso oferecido pelo Prof. D. Maingueneau, "Introdução à problemática da Análise do Discurso" (IPUSP, março de 1995). O texto que trazemos é transcrição de fitas gravadas na ocasião de sua fala, com sua autorização. Isto será feito para todos os capítulos que tratarem de suas aulas.

Já se podem adiantar alguns dos aspectos que incitarão debates:

a. desaparece a preocupação com a relação discurso/inconsciente;

b. configura-se a relação discurso/contexto, no centro das atenções teóricas;

c. a singularidade daquele que nos fala sai de cena;

d. o universo psíquico não é tematizado.

Há, no entanto, um grande interesse na formulação da Análise do Discurso a respeito do discurso, para nós psicanalistas, na medida em que nos preparamos para ouvir em sessão algo que não organiza ou estrutura a vida psíquica do sujeito-paciente apenas e imediatamente, mas sim algo que assim se organiza em função de estar alguém, na qualidade de paciente, falando de si a um outro, na qualidade de analista, que se põe ponte nessa e por essa condição analítica para todos os sentidos possíveis de sua história afetiva. Um pouco, é como se o analista ouvisse também sua própria voz. Ou, então, o que ouve já faz eco da voz de seu lugar de ouvinte qualificado. Este é o contexto particular que, concreta e paradoxalmente, está no discurso, agora discurso da sessão e da relação de análise.

# AULA

# Sobre o Discurso e a Análise do Discurso

Hoje vou esboçar um quadro geral; parto do princípio que, para vocês, a análise de discurso é uma coisa totalmente desconhecida. Vou definir o que é discurso, o que é análise do discurso. O meu ponto de vista, no entanto, é necessariamente parcial. Não posso dizer que faço <u>A</u> análise de discurso. Existem outras vertentes. Mas procurarei falar de um modo o mais neutro possível. Meu ponto de vista é muito europeu e se se perguntar a um americano o que é análise de discurso é provável que tenha outra resposta. Trabalhamos com os mesmos objetos, mas o ponto de vista é diferente.

Começo com o termo *discurso*, porque é a origem de muitos problemas. Em geral, diz-se que *discurso* é o uso efetivo da linguagem em situações concretas ("efetivo" no sentido de que partimos de dados); opõe-se à *língua*, como sistema. Desse ponto de vista, o discurso é um pouco como a "palavra" no *Curso de Lingüística Geral* de Saussure. Mas há uma diferença importante: para Saussure, "parole" opõe o sujeito individual e o sistema, mas quando se trabalha dentro do campo de análise de discurso o discurso não é concebido como um ato individual, e sim como a mobilização de um conjunto de regras que o sujeito não domina. Ao contrário, na problemática tradicional do estruturalismo, o sistema era o da língua; a palavra não era sistemática, era uma criação individual. Essa é uma das diferenças entre os conceitos de "discurso" e de "parole".

Essa definição, porém, é demasiado empírica. O discurso, para mim, não é um objeto; é um ponto de vista, uma abordagem.

Podemos considerar que há duas apreensões da linguagem: como sistema e como discurso. E sempre a linguagem é abordada desde esses dois pontos de vista: se observamos, por exemplo, a história da reflexão sobre a linguagem na civilização grega, vemos que desde o início há uma vertente retórica, que apreende a linguagem como modificação do destinatário numa situação determinada; há também a vertente lógica, que considera a linguagem como "logos", como representação da realidade.

A linguagem tem duas "caras"; podemos vê-la como estrutura constituída de categorias (adjetivos, nomes, etc), sistema arbitrário; mas, ao mesmo tempo, considerá-la como enunciado particular dentro de um texto particular, dentro de uma situação de comunicação particular. E o problema é que são dois pontos de vista totalmente diferentes: a oração é, ao mesmo momento, uma estrutura e o produto, o vestígio de um acontecimento singular. A lingüística está sempre dividida entre essas duas abordagens: uma abordagem em termos de sistema arbitrário e uma abordagem em termos de discurso. A conseqüência é que quando se diz que estudamos o discurso, a meu ver, não se diz nada. Porque o discurso não é um objeto, mas uma abordagem. E essa abordagem da linguagem pode ser assumida por várias disciplinas. O que há em comum entre elas é o pressuposto que quando falamos, quando escrevemos, entramos num campo de realidade específico, que *o discurso é uma realidade que pertence a outra ordem, diferente da ordem sintáxica ou morfológica*. Além disso, partilham do pressuposto que falar não é a "expressão" do pensamento de um sujeito que utiliza a linguagem como instrumento, mas entrar numa instituição que domina o sujeito. Falar é entrar nessa "ordem do discurso", para retomar uma fórmula de Foucault.

## As disciplinas do discurso

Há várias disciplinas que levam em conta o discurso e cada uma delas tentando monopolizá-lo. Esse é o pequeno jogo das ciências sociais: cada disciplina pretende ser a única, ou a mais importante. Por exemplo: há sociolingüistas que dizem que análise de discurso é um subdomínio da sociolingüística. Há outros que pensam que argumentação é a disciplina básica, visto que falar é sempre orientar o pensamento dos outros; conseqüentemente, a teoria da argumentação deveria ser a disciplina fundamental e a sociolingüística ou a análise de discurso, subdomínios desse domínio da argumentação. Mas é preciso aceitar a idéia de que várias disciplinas constroem, de modos distintos, o discurso, que este não é um objeto para *uma* disciplina. Se essa disciplina existisse, seria uma metafísica, uma filosofia última, o que contradiz o projeto mesmo da análise do discurso.

O problema que se coloca, portanto, é definir o campo de ação, de pertinência, de cada disciplina. Qual é o ponto de vista da análise do discurso? Há um conflito entre uma tendência que define o discurso como conversação ou como interação. Análise do discurso muitas vezes é definida, pensada, como análise da conversação. Aqui falo sobretudo das problemáticas sociológicas americanas, em particular da etnometodologia, ou do interacionismo simbólico, cuja filosofia implícita, ou explícita, diz que as interações entre os indivíduos é a base da sociedade, o que permite que a sociedade se reproduza e se mantenha. Nessa perspectiva, a conversação é mais que um tipo de discurso; é o tipo fundamental da interação humana, de construção e reconstrução da sociedade. Mas, a meu ver, a análise da conversação é uma perspectiva diferente daquela da Análise do Discurso.

Não se pode definir análise do discurso a partir dos objetos, dizendo, por exemplo, que estuda a conversação e outras disciplinas o discurso científico, pedagógico, literatura, etc. Entre análise conversacional e Análise do Discurso não há uma diferença de objeto; há uma diferença de ponto de vista. A Análise do Discurso pode perfeitamente estudar uma conversação, apoiar-se sobre os trabalhos dos conversacionalistas, mas vai utilizá-los para outro objetivo.

A meu ver, a análise de discurso é uma disciplina que procura pensar a relação entre um lugar social e uma certa organização textual. Digo "lugar social", num sentido amplo: a política, um jornal, uma doutrina, a literatura, um hospital, uma aula, a entrevista num consultório entre um psicólogo e um cliente são "lugares sociais". Uma vez que a análise do discurso é uma disciplina que articula um lugar social e uma organização textual, seu objeto é precisamente a articulação. Seu objeto, pois, não é o texto: é o papel da lingüística textual estudar a coerência, o que faz que um texto tenha uma unidade, seja mais do que adições de várias orações, mas uma realidade específica. Se o objeto da análise do discurso não é a coerência do texto, mas a articulação entre essa coerência e um lugar social, a noção de *gênero de discurso* será privilegiada.

# O que é um gênero de discurso?

Um gênero de discurso é um dispositivo social de produção e de recepção do discurso. Por exemplo, o que estou fazendo agora é um gênero de discurso, um gênero "aula universitária". Nessa aula a análise do discurso estudará a articulação entre os recursos lingüísticos do que estou dizendo, a organização textual em sentido muito amplo e o funcionamento social da aula. O que estou dizendo é, ao mesmo momento, um acontecimento social e uma certa organização verbal; a articulação dos dois é o núcleo da análise do discurso.

É difícil entender isso porque a tendência natural é estudar o texto como texto, a organização como está feita, analisá-lo, decompô-lo, etc.; ou estudar a significação social do discurso, sem se preocupar com a estruturação verbal dele (isso é mais a tendência dos sociólogos que dos psicólogos): considerando o discurso somente como um suporte empírico para representações, os analistas extraem as informações e depois deixam o texto como se fosse o bagaço de uma laranja. O ponto de vista da Análise do Discurso é diferente, procura articular essa organização textual e essa realidade sócio-psicológica. É um pouco como caminhar entre dois abismos: é sempre mais fácil falar da realidade psico-sociológica ou da organização textual; mas pensar, ao mesmo momento, um texto como estrutura e como ação sócio-psicológica é muito mais difícil. Deste ponto de vista se entende porque o gênero de discurso tem um papel importante nas reflexões sobre discurso. Gênero de discurso é uma realidade empírica que é, ao mesmo tempo, uma organização verbal e um fenômeno social. Assim, uma tragédia (ou uma comédia) é uma realidade lingüística, um conjunto de enunciados e, também, é um certo modo de enunciar, porque tem um teatro, tem atores, tem público. Pensar a articulação dos dois é o problema da Análise do Discurso.

Poder-se-ia dizer que se deve estudar o discurso como *instituição discursiva*. Quando falamos de "instituições" pensamos em entidades, como a escola, a igreja, etc., mas instituições de fala também são instituições. Uma instituição não-verbal (uma escola, um hospital...) não existe sem o discurso, mas os gêneros de discurso também são instituições. Uma aula, por exemplo, é uma instituição verbal "dentro" da instituição escolar, que em certo modo está também "dentro" da aula.

# Diversidade das vertentes da análise do discurso

Mesmo com essa definição mais restritiva do campo, há uma variedade de escolas e vertentes. E isso é normal, no sentido que corresponde à realidade das ciências sociais. Não pode existir em sociologia, ou psicologia, ou lingüística, um consenso total sobre a construção dos objetos.

A primeira razão dessa variedade é que existem várias tradições científicas. Por exemplo, há uma tradição empirista, muito antiga e forte na Inglaterra. Na França, ao contrário, temos uma visão mais abstrata da linguagem. É uma tendência natural do espírito francês que explica, por exemplo, o desenvolvimento do estruturalismo. Essas tradições são muito fortes porque correspondem a tradições filosóficas que têm 300, 400 anos.

Outro tipo de explicação dessa variedade de escolas de análise do discurso é a variedade das disciplinas de referência. Para muitos, a análise do discurso é uma disciplina que tem muito a ver com antropologia. Por exemplo, não se pode entender o movimento de análise do discurso nos Estados Unidos sem pensar o papel muito importante que desempenha a antropologia. Lá, no nível da lingüística, a antropologia teve mais importância que a lingüística estrutural. Os fundadores da lingüística americana são antropólogos, na medida em que havia uma imensa variedade de línguas indígenas. A relação com o lingüístico era muito diferente na Europa onde tínhamos uma visão histórica das línguas; havia o indo-europeu, o grego, o latim, etc. Os americanos tinham uma visão mais *espacial* das línguas e, nós, uma visão *histórica*.

Também há uma grande variedade de tipos de *corpus*. Isso é um problema, porque, idealmente, o *corpus* não tem de interferir com a definição de análise do discurso. Quando digo, por exemplo, que o analista de discurso estuda a articulação entre um modo de enunciação e um lugar social, isso não implica em que se devam estudar as aulas mais que o discurso religioso, mais que manuais de ciência ou que as conversações na rua. Mas, na Europa, temos mais interesse pelo escrito. Nos Estados Unidos, há mais interesse pela conversação oral. Quando alguém estudar, por exemplo, a palavra numa instituição hospitalar, terá uma visão do discurso muito diferente da de uma pessoa que trabalha o discurso religioso. Porque é um tipo de *corpus* que exige outros conceitos. Idealmente uma boa teoria não tem de ter preferências por tal ou tal *corpus*, mas, na realidade, é inevitável que o *corpus* restrinja o tipo de análise de discurso que se pratica. E muitas brigas entre as escolas são totalmente inúteis porque não falam a mesma coisa. Quando um americano diz: "discourse analysis" é análise de conversação, porque, para ele, discurso é conversação. Mas isso é somente o reflexo de um costume. Num país como a França no qual a tradição literária é muito forte, no qual os alunos fazem comentários de textos literários na escola, a instituição acadêmica favorece pessoas que estudam textos "formais" escritos (ciência, literatura...). Nos Estados Unidos, preocupam-se muito menos com a literatura; é um outro sistema. Isso explica uma boa parte das disputas, porque provém de inscrições sociais diferentes da análise do discurso. Esse fenômeno é cada ano mais importante, porque agora é verdade que para obter uma bolsa, para fazer uma carreira, é preciso ter dinheiro; e o dinheiro vem sempre na direção que corresponde aos objetivos ideológicos do lugar e do momento. E como a linguagem está implicada em tudo, é evidente que, muitas vezes, as oposições entre os pares intelectuais correspondem à oposição dos países quanto ao uso do dinheiro.

Análise de discurso é também discurso. E se análise de discurso é discurso, é normal que seja diversa segundo as circunstâncias, segundo os analistas de discurso...

# Enunciação e Pragmática

Acabo de dizer que o objetivo da análise do discurso é o estudo da articulação entre o lugar social e uma organização textual, por meio de um modo de enunciação. Na verdade, o termo "articulação" não é adequado, como veremos. Pois quando falo de "articulação" entre um lugar social e uma organização textual, posso produzir um desvio teórico: o lugar e o texto não são duas realidades independentes uma da outra. Logo, não devemos pensar essa articulação por meio da problemática tradicional, da linguagem como representação. Um gênero de discurso, por exemplo, é um dispositivo que regula a produção do discurso. E estudar esse gênero de discurso é estudar o discurso como atividade.

A concepção espontânea que a gente tem do discurso, da linguagem em geral, é a idéia de que a realidade é fundamentalmente não-verbal e que o discurso chega depois para refletir essa realidade. Na concepção clássica, a linguagem é uma representação da realidade. Mas a teoria do discurso, para ser consistente teoricamente, tem de ser fundamentalmente pragmática. Se você não parte do princípio que o discurso é uma atividade, se você considera a instituição fora da linguagem, e a linguagem fora da instituição, não é possível pensar a articulação. É um fenômeno de integração recíproca: o discurso está na instituição, e a instituição também se configura por meio das instituições do discurso. A linguagem representa uma realidade mas, também, é uma parte dessa realidade... O discurso é um dispositivo social, mas também é uma representação dessa sociedade. É uma coisa paradoxal, mas é preciso pensar com o paradoxo.

Aqui chegamos à pragmática. Quando os lingüistas dizem que existe um "*componente* pragmático" na linguagem significa que, ao lado da sintaxe, da morfologia, da semântica, tem um componente que permite, num contexto dado, atribuir uma interpretação a um enunciado. É um dos módulos que intervém na construção do sentido.

Mas, quando se fala da "pragmática", isso pode-se estar referindo não a um componente assumido por uma disciplina, mas a um certo modo de pensar a linguagem, o que define o horizonte da filosofia da linguagem que domina hoje. A dificuldade com essa noção de pragmática é a instabilidade dela. Muitas vezes, especialistas procuram definir o que seria o núcleo da pragmática: "atos da linguagem"?; "reflexividade"?, "interação"?. Na verdade, a meu ver, a pragmática corresponde a uma unidade heterogênea. É inútil procurar localizar a origem dela: é a convergência de várias problemáticas que vêm de várias disciplinas. Não sei se vocês conhecem a famosa metáfora do "ar de família" de Wittgenstein? O filósofo austríaco reflete sobre o que dá unidade a certos conceitos. Toma o exemplo de uma família: os primos, os sobrinhos, os pais, os avós; quando se vê toda a família junta, há um "ar de família". Isso não significa que todos têm algo comum; significa que alguns compartem alguns traços, e outros, outros traços; e tem uma espécie de entrecruzamento de traços que dão uma impressão de unidade. É uma impressão que vem da globalidade da família; se você toma dois membros da família, muitas vezes não tem nada em comum! Mas se estão dentro do grupo temos a impressão de uma unidade.

É um pouco dessa maneira que se pode pensar a unidade da pragmática, porque o que chamamos pragmática é a convergência de uma série de vertentes teóricas independentes, que convergem porque têm traços comuns. Mas todos não têm os mesmos; comparti-lham com alguns certos traços e outros com outros. Por exemplo, a teoria da dimensão interativa da linguagem tem vários traços co-muns com a teoria dos atos de fala.

Vou distinguir várias vertentes que contribuem para dar aparên-cia de unidade à pragmática.

A *primeira vertente* é a mais conhecida, é *a teoria dos atos de fala*. É a teoria de Austin, um filósofo inglês que morreu em 1962 e que inventou o conceito de "performativo" e de "ato ilocutório". É uma crítica à concepção clássica da linguagem como representação. O que tenta nos mostrar Austin, em "How to do things with words", é que a linguagem não é feita somente para dizer enunciados verdadei-ros ou falsos (que é a teoria clássica), mas que há uma variedade imensa de enunciados que escapam dessa oposição entre o verdadei-ro e o falso. Mais: a linguagem é uma forma de ação; dar uma ordem, rezar, aconselhar, dar um curso, tudo isso são ações. E pensar o dis-curso somente como produção de enunciados que podem ser verda-deiros ou falsos é uma concepção redutora da complexidade da lin-guagem. Na teoria de Austin, a linguagem é uma forma de ação e, em cada enunciado, há duas dimensões: você diz algo, mas também você fala do fato de que você está dizendo isso.

Não se pode falar da realidade sem *mostrar* que falamos dessa realidade. A linguagem é basicamente <u>reflexiva</u>. Vou tomar um exem-plo. Uma pergunta: "Você está doente?" Quando se diz um enuncia-do como esse, *diz-se* algo de uma pessoa, mas também *mostra-se* que o que se está dizendo <u>é</u> uma pergunta. O que percebemos são as duas coisas: é o conteúdo, mas também é o fato de a oração ser uma per-gunta. E se quiser fazer um comentário — por exemplo, "o que digo é uma pergunta" — o que faço neste caso é outro ato de fala, uma asserção. Para traduzir esse ato de fala que mostra que é uma pergun-ta, faço um enunciado que mostra que é uma asserção. Não tem fim! Neste enunciado você vê também que tem um presente: "*está* doen-te". E o que é um presente? Um presente é um tempo que diz que o enunciado é considerado como contemporâneo do momento da enunciação mesma. O presente é o presente desse enunciado: fenô-meno fundamentalmente reflexivo. Isto é, cada enunciado tem uma referência ao fato mesmo da própria enunciação.

Isso tem conseqüências importantes para a semântica. Significa que falar é dizer algo sobre o mundo e também dizer algo sobre o fato de dizer. Se você não conhece o quadro pragmático, você não pode interpretar o sentido. E para apreciar uma pintura você tem de saber que é uma pintura. E como você sabe que é uma pintura? É porque mostra que é uma pintura!

*Outro tema da pragmática é a interatividade.* Falar não é somente uma atividade de expressão do sujeito, é uma atividade fundamentalmente cooperativa. É uma ação com dois parceiros. A idéia básica é a de uma atividade de cooperação. Na lingüística francesa atual, muitas vezes, não se fala de *destinatário,* mas se fala do co-enunciador. Por várias razões. O destinatário *tu,* o *você,* na verdade, sempre é um *eu* potencial; além disso, quando alguém fala, está ao mesmo tempo ouvindo o que está dizendo e controlando, por meio dessa audição, o que está dizendo. Também está controlando os gestos, as caras, os movimentos dos olhos... do outro, do co-enunciador: está corrigindo o que está dizendo em função das reações dele. Isso também é verdade para os textos escritos: não podemos escrever sem construir uma representação de um co-enunciador, um leitor, que tem uma certa concepção do mundo, uma certa atitude conosco; é a partir da imagem que temos desse outro que podemos enunciar. Na verdade, essa construção do outro depende muito dos *gêneros de discurso.* Não é cada sujeito quem inventa a figura do outro. O fato de estar em um certo gênero de discurso implica numa certa imagem desse outro.

O sentido não é uma coisa que se poderia construir sem considerar o trabalho de reconstrução do co-enunciador: o sentido que tentar construir o enunciador é um sentido potencial, porque o sentido efetivo que vai reconstruir o outro é sempre fundamentalmente assimétrico, é outro sentido. Quando você fala, você dá uma série de instrumentos ao outro para interpretar. Mas não se pode controlar totalmente o modo com o qual o outro vai reconstruir esse sentido.

*Outro tema importante: a dimensão jurídica da fala.* Quando você fala, você está sempre, inconscientemente, procurando legitimar o que você está falando. Legitimar não somente o conteúdo, mas a posição mesma do sujeito falante. Falar é sempre mostrar que você tem direito de dizer o que está dizendo, também direito de dizer como está dizendo, a quem você está falando. Há uma dimensão circular na enunciação: uma vez que se fala não somente para dizer algo, mas para mostrar que se tem o direito de falar ou de ser ouvido. A palavra informativa é um caso muito reduzido da realidade da linguagem, e a legitimação do discurso não é uma dimensão acessória, contingente do discurso, é básica. Há, aqui, a relação com os atos de fala porque tem a ver com a instituição e a legitimação. Sabemos que os atos de fala são reconhecidos segundo um certo código. Por exemplo, para que o co-enunciador interprete corretamente o ato de fala, e se comporte de um modo adequado, é preciso que esse ato corresponda a um certo código de papéis discursivos que existem na sociedade: se alguém me pede dinheiro na rua, para que eu reconheça esse tipo de enunciação, devo ter em minha bagagem discursiva o papel "mendigar".

*O último tema que vou evocar aqui é a subversão da oposição entre texto e contexto.* Temos sempre a idéia de que o contexto está ao redor do texto, está fora do texto. Mas o contexto está também na cabeça das pessoas que estão no contexto... Um contexto não é uma realidade objetiva, é algo que os parceiros da fala têm na cabeça. Cada um define, por intermédio de sua fala, o contexto no qual está falando. Os falantes cooperam ou brigam para definir o contexto no qual estão falando.

O discurso não está somente <u>no</u> contexto, mas está sempre construindo esse contexto. O contexto é uma realidade dinâmica. Se você está falando com um paciente e você está no papel do terapeuta, e num dado momento ele procura mudar as regras do jogo e dizer algo, implicando o terapeuta num outro tipo de relação, ele está introduzindo modificações no contexto. Se você aceitar essa modificação, o contexto vai modificar-se. Ou você pode recusar essa modificação e indicar, de um modo implícito, que você quer ficar dentro de tal contexto. Assim, o contexto é uma realidade negociada. Não é uma coisa dada.

Nessa perspectiva, a pragmática não aparece como um método ou uma disciplina, mas como um certo modo de apreender a linguagem, uma visão da comunicação, do sentido. E isso explica porque os conceitos, as perspectivas da pragmática, estão presentes dentro de muitas áreas das ciências sociais. Tem perspectivas pragmáticas na sociologia, na antropologia, na lingüística, psicologia..., em toda a parte.

Dentro das vertentes pragmáticas, as teorias da enunciação desempenham um papel um pouco à parte porque é uma problemática *lingüística.* São lingüistas que desenvolveram esse tipo de reflexão para estudar fenômenos lingüísticos, como os tempos verbais, as pessoas, as modalidades, o discurso relatado, etc. Na Europa, muitos lingüistas consideram que enunciação é a realidade fundamental da linguagem e que a linguagem não é somente um código, mas um sistema fundado sobre o fato da enunciação. De fato, a linguagem, como temos visto, é fundamentalmente reflexiva: o sujeito que fala está sempre dentro do seu enunciado tomando uma certa atitude em

# A CLÍNICA PSICANALÍTICA NA SOMBRA DO DISCURSO

relação com o que está dizendo: não tem, na linguagem, uma separação entre a atitude do falante e o conteúdo. Não se pode separar o que se diz da posição do sujeito que fala com respeito a seu enunciado e a seu co-enunciador. É isto que os gramáticos chamam "modalidade". Também temos visto que cada enunciação toma, como ponto de referência, o fato mesmo de enunciar: a pessoa gramatical e os tempos verbais, em particular, dependem desse ponto de referência.

Uma outra especificidade da teoria da enunciação é o fato de ela ser uma teoria européia, continental (na Europa distinguimos a filosofia "continental" — francesa, alemã... — da filosofia inglesa/americana que é não-continental). Continentais são lingüistas como Jackobson, Benveniste, Culioli, que estudaram essa problemática a partir de considerações filosóficas sobre a linguagem que são tipicamente européias. Veremos que a questão da enunciação é importante para a especificidade da escola "francesa" do discurso.

# E A CLÍNICA?

# Há algum acordo?

É muito cedo para definições e acordos finais. Façamos comentários que permitam ir organizando paciente e cuidadosamente algumas relações entre as concepções de discurso na psicanálise e na lingüística da Análise do Discurso. Afinal, um trabalho como este exige habilidades e virtudes que o pensamento nem sempre é solicitado a exercer.

## No plano da escuta

Apesar de a aula do professor Dominique dirigir-se a pesquisadores em cursos de pós-graduação, lança luzes sobre uma forma bastante diferente de *ouvir* o que nos fala um paciente em uma sessão de análise. Isto, na medida em que, ao apresentar o *discurso como ato* e não apenas como representação, vai forçar uma mudança em nossa escuta e, em decorrência, uma mudança no sentido que a interpretação construirá a partir dela.

Dizer que o discurso é um ato implica pensar que ele supõe posição em relação a um alvo, posição a partir de que ele (o discurso) se exerce, ou seja, supõe relação entre posições. Ora, de início, já podemos pensar, então, que o que nos diz o paciente não é mera e direta expressão de um mundo interno, de um inconsciente constituído de fantasias armazenadas e mais ou menos reprimidas por sua condição sexual recusada. O sentido de sua fala não será "extraído" de motivos psíquicos endógenos e ponto! Minha tarefa, como analista, não será mais a de buscar razões inconscientes implícitas naquilo que o paciente fala a respeito do que sente e vive. Porque a relação entre linguagem e inconsciente não se definiria como expressão deste por aquela, por meio de representações que, decodificadas, desenhariam sentidos para o dito.[2]

Dizer que o discurso é ato dispositivo é acentuar seu caráter de *dizer*, em vez de acentuar o *dito*. Ou seja, é atentar para o que se *mostra* enquanto se diz: que tipo de interlocução se cria, que posição se legitima na asserção feita, que posição se atribui ao interlocutor, o jogo de expectativas criado na situação, como se respondem ou se subvertem tais expectativas, e assim por diante. Qualquer interpretação, isto é, qualquer sentido a que se chegue será uma construção que considere todo esse modo de produção, ou melhor, o contexto (em) que (se) produz a fala e suas razões (seus sentidos). E *esse será o discurso em análise na clínica psicanalítica*.

Como se pode notar, não mais o discurso como representação de uma realidade que esteja fora das palavras, mesmo que esta realidade seja a tão cara "realidade psíquica". E, sim, o discurso como ato de enunciação, implicando reflexivamente os parceiros em relação, as expectativas (ou, como quer a psicanálise, os fantasmas) aí geradas a respeito da responsividade de um e outro nesse quadro. Não mais a fala do paciente como representante de *sua* inconfundível singularidade inconsciente, e sim como *uma singularidade possível, nesse trabalho organizador da posição de falante*. O que implica a presença *de um outro concreto na situação* e o *jogo* constante de disposição *em que é imaginariamente posto e em que se põe*. Tudo fazendo parte e refazendo, concretamente também, os termos, os lugares, os tempos e os motivos do âmbito mais geral do discurso da clínica psicanalítica: o que constitui o universo de expectativas, teorias e desejos, daquele que demanda atendimento e daquele que o oferece, quer essas demandas se estabeleçam no berço de uma "cultura psicanalizável" (que se dispõe e expõe a atendimentos psicanalíticos), quer se estabeleçam no berço das odes de formação em psicanálise, com seus textos/contexto (teorias, livros, aulas, supervisões e análises pessoais dos terapeutas).

---

2. Isto, numa primeira abordagem a essa concepção de discurso, como relações que não se põem apenas como reposição de um código simbólico, e sim concretamente. E, aqui, estará uma diferença importante no que diz respeito à concepção de linguagem no contexto teórico lacaniano. Em verdade, se o leitor estiver atento, identificará nessa diferença a distância entre o estruturalismo e a pragmática na concepção mesma de discurso/linguagem. Por ora, basta pontuar essa distinção conceitual significativa; ela deverá se esclarecer e explicar melhor no decorrer de todo o livro.

A CLÍNICA PSICANALÍTICA NA SOMBRA DO DISCURSO

Assim, o discurso em análise, na clínica psicanalítica, jamais poderá ser considerado como sendo apenas a fala do paciente, expressão de seu inconsciente. Para simplificar as coisas, no mínimo, devemos considerar também as falas do terapeuta como comprometidas por sua posição na instituição concreta da clínica. Com tudo o que está implicado nisso, conforme se apontou acima.

A rigor, a cada sessão, a própria análise se põe em análise. Tarefa impossível, no limite. Mas até chegar ao ponto final, há muito o que mudar no modo como analisamos em nossas clínicas. E isto, sem deixar de fazer psicanálise, como se poderá concluir no decorrer destas exposições, caso nosso esforço explicativo e argumentativo seja bem-sucedido. Por exemplo, na Parte III deste livro, uma aula do Prof. D. Maingueneau versará sobre a estratégia de pensamento que coloca o sentido do texto, acessível à consideração do contexto, com base na teoria da enunciação e do discurso como ato, como acontecimento, como dispositivo. A seguir nessa mesma Parte III, estaremos, nós, evidenciando no contexto da clínica e do atendimento de um paciente como se podem organizar na escuta analítica os sentidos das falas, dos acontecimentos, numa ou mais sessões terapêuticas. Evidenciaremos, ainda, o modo pelo qual alguns conceitos estritamente psicanalíticos podem ser repensados à luz destes princípios gerais. Ou melhor, à sombra lançada por uma certa compreensão de discurso.

Por enquanto, vamos acompanhar, em fragmentos de uma análise concreta, como (e por que) este tratamento do discurso com outros referentes, que não os da própria psicanálise, poderá conduzir a situações imprevisíveis numa sessão que, exatamente por isso, recupera seu teor analítico.

Antes, vale um convite ao leitor: que acompanhe *pari passu* as pistas da palavra *concreto*, que foi cuidadosamente escolhida para falar de *posições* e de *relação*. Ela abre para, de um lado, estabelecer distinções entre esta e as derivações lacanianas da psicanálise e, de outro, para a inserção do analista como uma posição que só se faz na e pela relação clínico-psicanalítica como instituição e, portanto, com falas que também constituem o discurso em análise.

# "Se eu quero fazer análise? Vocês é que sabem..."

Cadu é um rapaz de 18 anos que, ao que tudo indica, desobedecendo a sua própria vontade, iniciou terapia há pouco tempo.

Talvez seja exatamente esse tom de contrariedade que permita ao leitor melhor entender a trama que se pôs à análise. Ficaremos mais à vontade para destacar aí os termos produtores de sentidos, a que vimos nos referindo.

Primeiro recebo um telefonema do pai, referindo-se a ele como um menino que estava envolvido com drogas. Tivera informações, com um outro psicólogo, de que eu poderia ajudá-lo (a quem?; ao filho ou ao pai?; de início, muito provavelmente, a ambos e a quem mais constituísse esse núcleo familiar). Lembro-me de ter desligado o telefone com a sensação de que era grande a aflição daquele pai, diante de alguma conduta de seu filho; uma conduta, que pelo clima da conversa, deveria ser mantida no mais estrito sigilo. Claro que não seria necessário que me solicitasse isto, mas, em verdade, ele não parecia pôr em questão qualquer conduta ética minha, e sim, a moralidade dos atos de Cadu, agora, mais do que nunca, destinados à clandestinidade: o consumo de drogas.

De onde tirei eu essas impressões? Não me recordo literalmente de suas palavras; no entanto, recordo-me de "assuntos" tratados, como por exemplo: o amigo-psicólogo que lhe indicara meu nome não tinha nome, isto é, tivera seu nome esquecido; "tenho um filho que sofreu um acidente e que agora está em recuperação"; os "problemas" psicológicos envolvidos nessa recuperação; e finalmente uma menção ao "problema das drogas" como o agravante de todo o quadro. Mas nada disso, também, recebia nome: a droga usada, o acidente sofrido, a recuperação, o problema psicológico, o filho. Além de tudo, falava-se baixo, pausadamente e entre reticências... Como, aliás, diz-se ser a estereotipia do modo de falar dos psicólogos com seus pacientes ou com candidatos a sê-lo. Mistério... sempre mistério...

Marcamos, conforme solicitação sua, uma entrevista com ele e a esposa, para que pudessem, então, explicar-me melhor, pessoalmente, a situação. Não seria bom fazê-lo por telefone, segundo ele.

Nesse primeiro encontro, Cadu me é apresentado pelas lentes atormentadas de seus pais: um menino que teria sempre se destacado no grupo de amigos pela liderança que exercia por suas idéias, seu envolvimento com esportes radicais (*surf*), sua personalidade; era amado por colegas e pelos pais destes; tentara matar-se com um tiro de revólver na barriga por ocasião de uma decepção com a namorada; era esse o acidente de que tentava (?) se recuperar; descobriram que ele fumava maconha; preocupavam-se muito com os efeitos disso sobre sua vida e sua saúde; atribuíam expressamente a esse hábito, desde já, algumas decorrências nefastas no comportamento do filho, tais como um nervosismo incontrolável e um desleixo total com a aparência (deixara o cabelo crescer, usava roupas largas e nem sempre limpas, andava em más companhias, e assim por diante); era um rapaz deprimido, sem prazer ou gosto por qualquer coisa, exceto a companhia de seus novos amigos (o que deixava seus pais notadamente contrariados e desconfiados) e as viagens para surfar (o que também levantava suspeitas). A mãe insiste ainda em me dizer que ninguém do relacionamento deles sabia a respeito do "acidente"; a todos contaram uma "história de assalto". Justifica-se, assim, pelo menos em parte, o caráter de sigilo inferido (e involuntariamente consignado) por mim na conversa ao telefone, bem como o sussurrante tom de mistério: de fato, havia algo que deveria ser dito à boca pequena...

Atenta que fiquei à história que me contavam, tentando reconhecer nela o lugar desse "menino", lembro-me de ter-lhes apontado que, talvez sem o perceberem, haviam mencionado menos *esportes* e mais *emoções* radicais em Cadu, e que poderia ser este o problema que os perturbava e para o qual solicitavam ajuda naquele momento. Pedi, no entanto, um contato com o rapaz, deixando claro que essa conversa seria determinante para decidir sobre a terapia.

Exatamente como foi descrita, era a aparência de Cadu. Divergia, no entanto, quanto ao "ar" deprimido. Com um largo, claro e belo sorriso, um jeito e uma cor de surfista, ele me estende a mão num cumprimento alentado. Amarrado não parecia ter ido. Tão pouco arrastado. E, pelo desenrolar da cena, poder-se-ia pensar que essa subversão da imagem assinada pelos zelosos pais não se fazia por acaso; sequer por rebeldia. Estava bem com ela e nada que fizesse supor falsidade. Onde estaria o aspecto sombrio do filho daquele casal? Existiria? Ou seria uma mera roupagem para um personagem que metia medo por suas imprevisibilidades? Aí é que está! Não saberia responder ao certo. Apenas, continuei registrando cada movimento/ fala/discurso, a partir da hora em que entrei com ele na sala de atendimento, deixando a mãe, que fora levá-lo, do lado de fora.

O que acontece, então? Uma fala reticente, curta e rarefeita sobre si. No que "se contava", parecia mais contar de outrem. Quase impossível para mim, enquanto o ouvia, não preencher lacunas com as histórias contadas pelos pais. Ou seja, imaginariamente, a fala materna e a paterna eram autorizadas por ele mesmo, na medida em que produzia essas lacunas. Afinal todos sabíamos que ele sabia que eu já sabia de algo a seu respeito pela entrevista com os pais. Falei-lhe isto (sobre eu acabar preenchendo as reticências com o que me disseram sobre ele). Ao que me responde "não tem importância"; e continua, afirmando que tudo o que falássemos ali poderia ser dito aos seus pais porque ele não escondia nada. Concluo, de imediato, que o assunto era, assumido, sobre terceiros. Parecia fazer mais sentido o início da sessão em que respondera a uma pergunta minha sobre o estarmos ali conversando, que seu pai achava que era necessário que ele fizesse terapia. Conversa de terceiros, a partir de terceiros, para terceiros. Não dá para não pensar ser esta a face do desejo a apresentar-se naquele momento: a de desejo-delegado. Muito mais que a figura física da mãe/pai havia ficado do lado de fora da sala de atendimento.

Ao mesmo tempo, pensei que esta verdadeira batalha no campo discursivo não anulava nosso protagonista; pelo contrário, colocava-o em cena. Ocupava ele o fortalecido lugar da reticência/renitência/resistência. E o recriava tão soberbo, que ameaçava paralisar a potência analítica da terapia que lhe afirmaram ser necessária. Difícil, sutil e poderoso *starting point*: de um lado, Cadu, nesse lugar de força, e de outro, eu, na camisa-de-força. A cena enunciativa assim posicionava os interlocutores e assim trançava a malha discursiva, ou o interdiscurso. Estávamos vivendo "na pele" o caráter produtivo, positivo, da resistência.

Como prosseguir? Decidi abrir o jogo, até onde parecia eu entender suas regras, decidida também a prosseguir nele, caso pudesse acontecer mais que um cabo de guerra, isto é, caso houvesse em algum nível, confessado, um interesse de meu parceiro em fazê-lo. Afinal, o empate de forças nem sempre permite sair do lugar... E apesar de o dispositivo analítico, com suas teorias interpretantes da realidade psíquica, poder dar conta da resistência, entendida como efeito direto da repressão inconsciente, enfrentando-a para fazê-la desaparecer o quanto possível, parecia mais cauteloso sondar com regras claras a direção a tomar. Para isto, contribuía uma outra concepção do discurso que se punha à análise: o de todo o contexto clínico, onde eu, preposta das figuras paternas, estaria sendo investida dos mesmos poderes aliciadores da resistência vestida de reticente aquiescência. Minhas tentativas de explicitação das jogadas e um recorrente "vocês é que sabem..." apontavam para este modo de se estar produzindo o discurso em análise. Construída estava a cena da demanda. Verso e reverso absolutamente invertidos.

Duas falas foram importantes para que alguma coisa se alterasse nos rumos dessa situação, para que eu produzisse uma interpretação (encoberta, não dita) da cena. Uma foi aquela em que ele diz que havia feito uma terapia até dois meses atrás, com um homem idoso que falava para ele "umas idéias de espírito" que ele não entendia; outra, a que me pareceu intimamente relacionada a esta, apenas alterando o teor da expectativa em relação ao interlocutor, foi a inesperada pergunta que se segue a tal afirmativa: "E você, o que pensa sobre drogas!" A expressão facial entre o sorridente e o provocativo, além do momento da formulação e a própria inversão de posições em que abandonava o lugar de reagente para o de agente (*ele* perguntava e, mais que isto, *perguntava*), tudo indicava que alguma coisa diferente despontava. Apressei-me em *responder*. *Por certo*, ratifiquei assim a disposição daquele parceiro que deu indícios de alterar sua atitude. Com o máximo de sinceridade, respondi ao que me perguntara, sem rodeios[3]. Mais que esclarecer sentidos, parecia-me importante constituir a parceria "proposta" por Cadu, instituindo com isso outras condições de interlocução. Talvez aquelas que permitissem a confiança necessária em qualquer parceria.

Quanto ao dito, nenhuma novidade: Cadu contou os fatos do "acidente" sem acrescentar muito ao que os pais já haviam relatado. Nada de referências ao que lhe tivesse passado pela cabeça ao pegar o revólver do pai e dar-se um tiro na altura da barriga, o que por pouco não lhe custou a vida. Sobre sentimentos, também não fez menções. Quando perguntado a respeito, dizia um simples "nada" ou um "não me lembro". O avesso parecia colar-se ao direito. E ficamos por aí mesmo. Também no que diz respeito às drogas: falou da maconha e do quanto seu pai controlava suas saídas de casa, supostamente por isso. Por outro lado, achava "legal" sua mãe estar fazendo supletivo com ele, na mesma escola e na mesma classe. Não deu sinais de que percebesse isto como uma forma de controle. Sua mãe era,

---

3. Sabidamente, rompia assim a habitual conduta de devolver perguntas com outras perguntas, "sugestivamente sacadoras" por parte do analista encurralado por essas, também habituais, reversões de papel que acontecem nas terapias.

segundo ele, menos "encanada" que seu pai. Mais companheira, fazia isto porque ele não podia ainda dirigir e porque ela realmente também queria aprender matemática, português, física e química...

De fato, fiquei mais atenta ao *como* conversamos, incluindo neste *como* (a) o quanto ele deixou de dizer, (b) o que "batia" com o que disseram antes dele, e (c) sobretudo, o que não "batia". Fiquei, nisto tudo, atenta aos lugares delegados e assumidos em toda a trama de relações estabelecidas ali comigo (os movimentos e as falas que eu reagia), bem como aqueles que se construíam com e entre os outros personagens. E o que foi se desenhando, no pensamento, eram os contornos de um mistério, de um enigma: com pais tão "ligados" e com uma trajetória tão para a vida, como é que em dado momento a radicalidade de sentimentos não-registrados, não lembrados, volta-se com(o) uma arma contra o próprio Cadu. A mesma intensidade do silêncio, da largueza do sorriso, da paixão pela natureza, em ato, volta-se para suas entranhas num disparo da arma de fogo. Parecia difícil levantar hipótese sobre o sentido daquele tiro, seus motivos e seus efeitos, se todos, exceto eu e as marcas físicas do fato, pareciam "esquecê-lo".

Reconfigura-se a situação enigmática das conversas ao telefone. Talvez fosse este um bom começo. Como, ao final dessa primeira entrevista, Cadu dispôs-se a prosseguir, marcamos novo encontro com seus pais (ele junto), para que se firmasse um *contrato* terapêutico. Nessa ocasião, lembro-me de ter enfatizado um aspecto: a distância entre o acento que eu colocara sobre o tiro e o acento que eles (inclusive Cadu) colocaram sobre as drogas, em nossas conversas.

O atendimento está em curso, há algum tempo, mas creio que estas notas sejam suficientes para dizer da concepção de discurso como ato, como dispositivo de que não escapa o analista e sua fala. Creio também que se esclarecem aqui, em parte, os efeitos dessa concepção, na condução de uma situação particular da clínica psicanalítica.

Adiantando o que melhor se discutirá na Parte III: elucidam-se aqui os termos de compreensão da operação com o conceito de transferência, de modo a preservar o âmbito psicanalítico dessa situação, já bem distante das restrições disciplinares.

# PARTE II

# A PALAVRA ABERTA

# Para Começar...

# A travessia do Discurso

Uma das afirmações que se pode partilhar entre a Psicanálise e a Análise do Discurso é a de que o discurso não é transparente; isto é, não é possível ver, ou melhor, ouvir outra realidade, imediatamente, por meio dele. O sentido desta afirmação, no entanto, varia conforme a rede de conceitos que constitui um ou outro conhecimento.

Sabemos em que condições Freud inaugura uma face da psicanálise que vem para ficar, a partir de 1900. No *A interpretação dos Sonhos* (Freud, 1900/1970), coloca os mecanismos de condensação, deslocamento e figurabilidade como responsáveis pela forma como se constituem os sonhos, os sintomas e as demais produções psíquicas. Por ação da repressão, tudo o que vier à consciência o fará na distorção que despista seu sentido originário e só por isso advém. Reunindo elementos recorrentes em cenas diferentes e constituindo assim uma outra unidade que no conjunto não é mais qualquer uma das antecedentes (condensação) ou desviando o investimento de energia psíquica de elementos com fortes sentidos inconscientes para detalhes sem importância psíquica (deslocamento): é assim que aqueles registros mais comprometidos com uma censura que veda o acesso a fantasias de desejo sexual tomam a forma de imagens oníricas, de condutas estranhas ao próprio sujeito, de esquecimentos e atos falhos — manifestações do inconsciente.

O que aí se teoriza é a opacidade de nossas construções discursivas. Freud faz isso de forma suficientemente convincente para que, a partir de então, qualquer analista, em qualquer linha, diga-se operando com o desconhecido ou com o estranho familiar de todos nós. Os caminhos para tanto vão depender da orientação psicanalítica que se professe: atenção às lembranças mais ou menos encobridoras, à transferência com o analista; interpretação como corte, ruptura de campo, construção ou sentença interpretativa; e assim por diante.

Em outra ocasião (Guirado, 1995), discutimos todas as implicações teóricas, epistemológicas e institucionais de se produzir análise na trilha das diferenças que existem entre tais orientações. Agora, prosseguimos dando por suposto que o leitor se encarregou de acompanhar a discussão em outro espaço, para que possamos apontar menos para as irredutibilidades e mais para as articulações possíveis.

É importante, no entanto, que se assinale o reconhecimento das distâncias entre os modelos psicanalítico e lingüístico de análise, entre seus pontos de partida e seus pontos de chegada. E será exatamente esse reconhecimento que permitirá traçar regiões de intercâmbio e convergência. Desse modo, com mais segurança e dentro de limites mais claros, torna-se viável migrar certos termos e procedimentos e com isso ampliar as condições de escuta na clínica.

A aula de D. Maingueneau que reproduziremos no capítulo seguinte esclarece sobre a compreensão que a Análise do Discurso tem a respeito da opacidade do discurso. Como se poderá notar, as diferenças estão nos fins e nos começos do trabalho de análise. Quer dizer, no *corpus* analisado e no sujeito do discurso em análise (pontos de partida e chegada). Enquanto a AD lida, em geral, com textos escritos e numa operação restrita ao pensamento do lingüista-analista, o *setting* clínico supõe a presença concreta de dois falantes. Enquanto o sujeito lingüístico é universal, o que permite chegar à configuração do discurso como alvo, o sujeito psicanalítico não pode prescindir da singularidade ou sua configuração como tal não se atingirá. E assim por diante. No entanto, o que Dominique chamará de índices de heterogeneidade do discurso com certeza pode se constituir em disparadores de análise na clínica psicanalítica.

Sobre os riscos de migrações de um terreno do saber humano para outro, tratamos o suficiente em outros escritos (Guirado,1995). Mesmo assim, cabe lembrar que, para chegar à afirmação anterior, estão sendo tomados todos os cuidados para que não se incorra em uma danosa fusão de conhecimentos, efeito de um anseio por teorias e explicações ecumênicas, totalizantes. Nada mais inadequado ao exercício do pensamento.

A CLÍNICA PSICANALÍTICA NA SOMBRA DO DISCURSO

De caso pensado, sugerimos ao leitor que acompanhe com atenção os movimentos das idéias de Dominique, ao apresentar, na aula que transcrevemos a seguir, as qualidades de *não transparência* do discurso. Nós, analistas, de imediato, concordamos com essa proposição: sabemos, ou melhor, aprendemos em algum lugar que nosso trabalho depende de uma escuta *atravessada* daquilo que é dito em sessão. Atravessada, porque não deveria se fundar na coesão imaginária da comunicação de conteúdos na interlocução. Ou, em outros termos, atravessada, porque não deveria tomar como verdade do sujeito o que ele fala no plano da comunicação consciente.

Se concordamos neste aspecto, será então interessante prosseguir com essa disposição de acordos e destacar, na leitura do capítulo seguinte, a importância da polifonia como presença de várias vozes numa fala; ou, ainda, a divisão do sujeito que a ironia suporta; e, a pressuposição, esta insidiosa rede de sentidos. Mais que isto, vale a pena acompanhar, nos exemplos lingüísticos, como são discretos os indicadores de divisão, de duplicação de sentidos, numa mesma fala. Assim, podemos diversificar tanto os modos de escuta quanto as *teorias* que, inevitavelmente, temos para ouvir.

Com a palavra... Dominique!

# AULA

# *Sobre a Heterogeneidade no Discurso*

Hoje vamos falar de heterogeneidade discursiva. Na Análise do Discurso, essa noção não é pejorativa. Parte da idéia de que não há de um lado o discurso e, do outro lado, o exterior do discurso. A relação com o exterior é uma dimensão do interior. As relações com o "fora" do discurso não são contingentes. *O discurso é sempre uma maneira de construir uma relação com outros discursos.*

É preciso distinguir entre heterogeneidade *representada* e a *constitutiva*, para retomar os conceitos de Jacqueline Authier. A primeira deixa sinais explícitos, traços da presença de um outro discurso. No caso da heterogeneidade constitutiva, a relação com o outro é radical, não deixa necessariamente traços, marcas explícitas no discurso.

Há dois tipos de representação: a) um sinal específico, como, por exemplo, as aspas; b) uma alusão a outro discurso, sem indicar; por exemplo, se ao falar, cito duas palavras do hino nacional brasileiro, uma pessoa que não é brasileira não perceberia a alusão.

Falarei da heterogeneidade constitutiva, mas começo com a heterogeneidade representada, porque é o domínio no qual a análise pode desenvolver-se mais facilmente; a heterogeneidade constitutiva é mais especulativa.

Antes, introduzo a noção de polifonia. Vem de Bakhtin e Ducrot. Foi sobretudo Ducrot que a sistematizou. É uma crítica do pressuposto tradicional que acredita que a pessoa que fala é ao mesmo tempo o falante — isto é, o ser que produz fisicamente o enunciado — e também o responsável pelo que está dizendo. Também uma crítica do pressuposto que cada enunciado teria um autor único. No entanto, as manifestações de polifonia, que em grego significa "várias vozes", são muito numerosas na língua. E quando falamos, na verdade, estamos mais tecendo vozes que expressando nossos pontos de vista. Um primeiro grupo de fenômenos de polifonia: o *discurso relatado*. Há aqui a distinção entre o discurso direto e indireto. São duas estratégias específicas e originais. O discurso relatado direto não é mais "direto", mais fiel que o indireto. São duas estratégias diferentes. Na realidade, o discurso direto é uma teatralização, e o locutor pode ser muito fiel com um discurso indireto, e muito infiel com o discurso direto. No caso do discurso direto, a metáfora teatral é a melhor, porque a citação direta faz uma imitação, como um ator: o locutor está dramatizando o que o outro está dizendo. É um tipo evidente de polifonia, porque você está falando, mas na sua voz tem a voz de outra pessoa; você é o falante, mas a pessoa citada é o responsável pela enunciação. Se digo, por exemplo: "Paulo me disse: estou doente", você é responsável de tudo, mas o fragmento "estou doente" é fragmento atribuído a outro, que é o responsável. Você é o *falante* do fragmento "estou doente", mas não é o *locutor* (esta é uma distinção de Ducrot, mas prefiro dizer "o responsável", porque "locutor" cria muitos equívocos). Você é responsável pela citação, como citação, mas não pelo fragmento citado. Assim, na mesma oração há três aspectos intrincados.

O *discurso direto e o discurso indireto* são formas de heterogeneidade representada porque têm sinais que indicam ao receptor que você não é responsável. Por exemplo, no caso do discurso indireto, há o verbo: Paulo <u>disse que</u>. O verbo e a construção com <u>que</u> indicam a mudança de registro. Com o discurso direto, no escrito, há pontuação, aspas, etc; e, no oral, há uma mudança, há uma pausa, há vários sinais lingüísticos para indicar.

Quando se considera o aspecto pragmático do fenômeno, o problema não é somente descrever uma polifonia, uma variedade de vozes no mesmo sujeito falante. O problema é saber para que está citando outra voz. Por exemplo, há pessoas que citam somente para mostrar que têm cultura, que são cultos. Mas pode-se citar para *demonstrar algo* também. Se dou uma aula de lingüística, sobre polifonia por exemplo, posso citar um texto de Ducrot para verificar o que estou dizendo. Também posso citar um outro como autoridade. Por exemplo, se sou um discípulo de Lacan e lembro de uma frase sua, o estatuto pragmático desta oração será de autoridade: a prova que estou dizendo a verdade é que por meio da minha voz fala a voz do pai.

O *para que* tem a ver com o *como*. Por exemplo, se cito Lacan nem se pensa que vou alterar o texto! Vou repetir exatamente as palavras porque o estatuto é de autoridade. Mas, se falo do meu pai, que me disse tal ou tal coisa, posso inventar todo o discurso, porque o estatuto da palavra do pai é um estatuto "privado", não tem importância. Há relação entre a maneira com a qual se cita, o estatuto da pessoa citada e o estatuto ou a função pragmática da citação. Digo isso para mostrar os limites de um estudo somente descritivo: uma descrição dos recursos lingüísticos não serve para nada se não são postos em relação com outros fatores.

Quando falamos, fazemos falar, por meio da nossa voz, a voz dos mortos, dos vivos, dos seres fictícios. Sempre porque há um interesse. É sempre um custo passar pela voz dos outros. O mais simples seria dizer tudo pelo próprio enunciador. Mas se falamos dessa maneira oblíqua é porque tem uma vantagem. Qual? Esse é o problema. E essa vantagem tem a ver com a maneira com a qual fazemos falar os mortos, os vivos.

Outra manifestação desse fenômeno: os verbos que introduzem o discurso relatado dão indicação sobre o valor atribuído a esse discurso. Por exemplo, se digo: "o meu pai me confessou ontem que..." Bom, confessar pressupõe que o que está dizendo é verdade e que é uma coisa repreensível. Se você diz: "o meu pai pretende que eu seja um idiota". Pretende pressupõe que o que segue é falso. Assim, você está dizendo duas coisas: a primeira é que o seu pai disse algo, e a segunda — que você pressupõe — é o caráter falso ou verdadeiro do relatado. E cada verbo, com exceção do verbo dizer, dá um certo estatuto à palavra, ao discurso relatado. Assim, é preciso estar bem atento a esses fenômenos que dão um quadro à palavra.

Falo, agora, do discurso indireto livre. Tomo um exemplo do meu livro *Novas Tendências*. É um extrato de um artista comunista, Marcel Bluval: "Lembro-me que em 68, exatamente para retomar o exemplo de 68, um certo número de valores tradicionais foi jogado ao lixo e surpreendi-me com o lado não dialético dessa atitude. Ela foi puramente moral. *Os valores poluídos pela burguesia deviam ser rejeitados.* Dizíamos: 'nós, nós comunistas, que geram valores culturais e, também, transforma-os, desde que o sistema social mude'". Sublinhamos o fragmento que se pode interpretar como discurso indireto livre: mas a interpretação dele não passa por nenhum sinal lingüístico. O interessante é que aqui você é incapaz de distinguir as palavras que vêm de Bluval e as palavras que vêm dos gauchistas. Percebe-se que tem palavras dos dois, mas não se pode atribuir tal palavra a um, e tal palavra a outro.

A teoria agora dominante para analisar este fenômeno é que dentro do discurso indireto livre há <u>duas</u> vozes. No nosso exemplo, quem está dizendo: "Os valores poluídos da burguesia deviam ser rejeitados"? Não é Bluval, porque ele não aceita essa idéia. Tampouco, essa frase é exatamente a frase do outro (o imperfeito do verbo <u>deviam</u> corresponde a um presente: para os falantes daquela época era um fenômeno contemporâneo). Com efeito é que, na realidade, o que percebemos não é a voz do discurso do enunciador, não é tampouco o discurso da pessoa citada; é a *discordância entre as duas vozes*. O que percebemos é a impossibilidade de atribuir o discurso a um ou a outro. E estamos numa espécie de situação instável sendo este um índice para pensar que se trata de discurso indireto livre.

Já no discurso direto é claro: tudo o que está entre aspas é atribuído a outro. No discurso indireto também: tudo o que está dito é atribuído à pessoa que relata, usando as palavras do outro. Mas no indireto livre há uma mistura. É a razão porque se fala em <u>voz</u>, e não em discurso. Para tomar uma metáfora: é como se você estivesse atrás de uma porta e ouvisse várias pessoas que falam; você distingue as vozes — há uma aguda e outra grave —, mas você é incapaz de separar, de entender as palavras e, sobretudo, de atribuir exatamente o que pertence a uma ou à outra. Porque as duas falam juntas. Você percebe a discordância, mas não o conteúdo. É o mesmo problema aqui. Há duas vozes que provocam uma discordância, e essa discordância, cria uma indicação de discurso indireto livre. Não se pode saber exatamente quais são as palavras de um enunciador e quais são as do outro. Essas duas vozes são as vozes do relator e do relatado.

Esse tipo de fenômeno tem conseqüências teóricas importantes, porque mostra que você pode, dentro de um discurso, fazer ouvir a sua própria voz misturada com a voz do outro.

Muitas vezes, pode-se interpretar esse fenômeno por motivos mais profundos. Vou tomar um exemplo literário. Um dos livros mais importantes para a introdução ao discurso indireto livre na literatura mundial é *Madame Bovary*, de Flaubert. A personagem que usa desse discurso indireto livre é sempre Emma Bovary. Há uma mistura permanente da voz do narrador Flaubert e da voz de Emma Bovary. Essa mistura nos leva a uma dimensão psicológica interessante. Há uma fórmula famosa de Flaubert: "Madame Bovary é eu". Aliás, a identificação do escritor com a mulher histérica é um fenômeno constante na literatura do século XIX. E, por meio desse jogo na fronteira, dessas duas vozes que se misturam, se constrói a posição de um escritor que escreve cria misturando a própria voz com a feminina.

Outro fenômeno interessante dessa perspectiva é o *provérbio*.

Os provérbios são os únicos enunciados que pertencem à língua: nos dicionários, muitas vezes, há páginas de provérbios. Falar português é também conhecer os provérbios. Se, por exemplo, você me diz que um amigo está arruinado e digo: "quem tudo quer, tudo perde", quem está dizendo isto? É verdade que sou eu o falante, mas o interessante do provérbio é que o responsável por ele não é o eu, são as pessoas em geral; é o que chamamos de sabedoria popular, das nações, dos povos. Eu faço ouvir, dentro da minha voz, a voz dessa sabedoria. Mas quando digo um provérbio, de certo modo eu também estou de acordo com essa sabedoria, partilho desse ponto de vista. Mas faço-o de uma maneira indireta, porque o sujeito responsável são as pessoas, a sabedoria popular. Finalmente, é toda a comunidade lingüística, todas as pessoas que falam português: enquanto membro falante dessa comunidade pertenço também à "sabedoria popular". Assim, estou de acordo com o provérbio enquanto membro da comunidade lingüística brasileira e assumo, também, por meio desse recurso, o conteúdo dele.

Agora chegamos ao que poderíamos chamar: a *citação de autoridade*. Se estou num grupo freudiano ortodoxo e, de repente, digo uma oração que vem do *corpus* freudiano, mas sem dizer que é de Freud, o fato de não dar a fonte é uma maneira de pressupor a conivência, a pertença ao grupo. Em princípio, as pessoas que se reúnem ao redor da imagem do pai morto têm de conhecer as palavras sagradas. E não dar a fonte é indicar que sou membro do grupo, mas que reconheço, também, que eles são membros do grupo. Porque pressupõe a capacidade deles de identificar a fonte como uma fonte autorizada. Nesse sentido que não é preciso identificar a fonte, porque é ela que me permite falar. Esse tipo de citação é muito revelador do funcionamento de um grupo e, também, da possibilidade que temos, por meio da nossa fala, de fazer falar os mortos.

Isso acontece para o primeiro grupo de fenômenos que evoquei: são os fenômenos que têm a ver com o discurso relatado no sentido estrito. Estrito por quê? Porque existe um locutor que faz falar outro locutor e tem uma diferença clara entre as duas fontes.

Agora, passamos ao fenômeno da *ironia*, que é verdadeiramente um tema-chave da semântica e da pragmática. É um fenômeno não muito diferente desse de fazer ouvir outra voz com a sua própria. Nesse tipo de fenômeno, o que percebemos é um movimento instável, um jogo numa fronteira entre as duas vozes. O fato de a ironia existir já é uma prova do caráter muito estranho da linguagem: o locutor pode sempre dizer algo sem assumir o que está dizendo.

A teoria retórica clássica, um pouco ingênua talvez, considera que a ironia é uma antífrase: diz-se o contrário do que se está dizendo. Daí seu caráter absurdo. Aqui não se trata de denegação freudiana. Trata-se de um funcionamento normal da linguagem. Não é um fenômeno que implica uma análise do terapeuta, mas um fenômeno de interação cotidiana. Qualquer enunciado pode não ser literal, pode ser interpretado como irônico. E, muitas vezes, não se tem nenhuma certeza de que uma oração é, ou não, irônica, embora por vários indícios contextuais se possa presumir que o sentido não é literal.

Na ironia há um fenômeno de polifonia: quando você está falando ironicamente, você está pondo a palavra de outra pessoa dentro da sua palavra, mas essa pessoa não é verdadeiramente distinta de você. Trata-se de uma oração paradoxal. Você está dizendo uma coisa e autodestruindo essa coisa. Quando digo, por exemplo: "Que prazer estar num local com pássaros que cantam!" Digo isto em vez de dizer: "Que barulho!". Com essa enunciação irônica, dou a palavra a uma outra instância, a uma espécie de personagem que mostro como ridículo, tomando distância dela. Faço ouvir uma voz dentro da minha que não é a minha e, ao mesmo tempo, mostro que estou distante dessa voz.

Há uma teoria que considera que essa outra voz é a minha própria; que é um fenômeno de autodistanciamento. É muito interessante essa teoria, porque mostra que se pode falar com *um sujeito que se divide em si mesmo*.

Há uma relação entre ironia e discurso indireto livre: há duas vozes dentro de uma enunciação; só que, aqui, se pode presumir que as duas vozes pertencem à mesma pessoa. E se trata de um fenômeno comum na conversação. Se consideramos o ponto de vista do destinatário, do co-enunciador, o problema é saber qual é o interesse dessa ironia. Por que você está utilizando essa estratégia um pouco louca para falar? As teorias a respeito se contradizem. Há teorias que dizem: "a ironia é agressiva", e outras que dizem: "não!, é uma defesa". A meu ver, a ironia é um fenômeno ambivalente, coisa bem conhecida dos psicólogos.

Duas coisas não se resolvem na ironia: a relação com o outro e a relação do sujeito com o que está dizendo. São duas ambivalências no mesmo fenômeno[4]. Primeiro: se o sujeito adere ou não ao que está dizendo. Seria simples se o sujeito tivesse uma posição clara, porque assim ele iria falar de uma maneira direta — por negação ou por afirmação. Mas, aqui, estamos numa fronteira. O sujeito está aderindo, e não aderindo. E, também, há ao mesmo tempo uma dimensão de agressão e de eufemização na ironia...

Com a ironia estamos além da intencionalidade. É um fenômeno que rompe a oposição superficial entre intencional/não-intencional. A consciência do sujeito de querer ser irônico não resolve o problema, porque a ironia, como procedimento, é ambivalente. E pouco importa a intenção! Achou-se uma maneira de sair e não sair da situação, de estar e não estar. É uma maneira de não resolver um problema para o qual não se tem solução. Como o discurso indireto livre, a ironia é um jogo nas fronteiras. E, na concepção moderna da comunicação, ao menos na França, o jogo da fronteira é básico. Porque consideramos que, muitas vezes, o discurso é mais uma negociação entre forças contraditórias que a afirmação de um pensamento que se conhece em si mesmo ou que se expressa.

Outro fenômeno que tem a ver com a ironia e também com a citação de autoridade é a *imitação*. Fenômenos como a paródia, por exemplo; e, ao seu lado, a *captação*, que é o contrário da paródia. Se você parodia uma tragédia, não são somente os temas que você parodia; você parodia a maneira de falar, os versos. Você não

---

4. Aluna — E o caráter de humor da ironia?
Dominique — Estou falando do fenômeno da ironia, não estou falando dos efeitos eventuais da ironia. A ironia não é necessariamente humor! São temas distintos.
Aluna — Mas ela pode causar um...
Dominique — O humor não tem procedimentos próprios, é um sistema parasita. O humor pode se alojar em tudo: no sério, no triste, na ironia, em tudo. E todo fenômeno pode ser explorado pelo cômico. O cômico é parasitário fundamentalmente. Assim, inclusive o sério pode ser cômico. É verdade que, muitas vezes, o humor utiliza a ironia, mas a ironia em si mesma não é, necessariamente, engraçada.

diz: "Sou Shakespeare", se você está parodiando, por exemplo, uma tragédia de Shakespeare; mas dentro da sua palavra você mostra duas instâncias de enunciação: tem você que está falando, e tem outro que fala por meio de você. Como se você fosse ventríloquo. E você cria uma distância entre você e a pessoa que fala por meio de você. Estamos perto da ironia, mas é diferente, porque na ironia tem um fenômeno de autodestruição, o discurso se autodestrói. No caso da paródia há duas fontes bem distintas: o enunciador que fala (o falante) e o discurso facilitador, ventriloquado. Você mostra que você está muito além daquele discurso ridículo por meio do qual você está se valorizando. É evidente que é dar mais valor, subverter um discurso de prestígio. Poder-se-ia generalizar e falar de *subversão*, mais que de paródia. Na subversão você destrói um discurso por meio de uma fingida repetição desse discurso. Alguém que parodia Shakespeare não diz: "Shakespeare é um bobo", mas finge repetir, continuar Shakespeare; e é por meio desse discurso assim espelhado que Shakespeare se autodestrói. É diferente da ironia porque na ironia, evidentemente, não tem outra fonte fora. Se falo de maneira irônica, o que estou destruindo é o que estou dizendo. Mas, na subversão, Shakespeare existe fora do meu discurso. No entanto, ironia e subversão são enunciações que visam uma destruição.

Ao contrário, na *captação* o falante se apaga por trás do enunciador de um discurso determinado e mostra que o faz, pretendendo beneficiar-se da autoridade ligada a este discurso. A captação utiliza as forças acumuladas por uma fonte enunciativa de prestígio: o provérbio, Cristo, etc. Por exemplo, os evangélicos, muitas vezes, captam a palavra do Cristo; falam como se fossem um Cristo: "Beatos, os que me escutam! Beatos, os que dão dinheiro à igreja!" como se o Cristo falasse por meio da voz deles. É no momento no qual estão falando que o Cristo está dentro deles. Captar é diferente de citar sem dizer que se cita. Na citação de autoridade, quando você cita as próprias palavras do outro, você distingue a sua palavra da desse outro. Mas aquele evangélico que capta, imita a palavra do Cristo, identifica-se, sem preservar a diferença. É Deus que habita dentro dele. Não há distância; ele está incorporado à autoridade.

Vamos continuar com a polifonia, falando de dois fenômenos que têm certa relação: a *negação* e a *pressuposição*. Os dois não implicam de uma maneira evidente a presença de um sujeito, de uma outra voz dentro da voz do falante. É uma das análises possíveis, desses fenômenos, introduzir a presença de outra voz.[5]

Se tomamos uma negação: "Hoje, o tempo não está quente", uma maneira de pensá-la é pretender que quando digo que o tempo não está quente estou opondo-me à afirmação virtual de uma outra pessoa que diria: "Hoje o tempo está quente".

Há vários tipos de negação. Ao menos três: a negação descritiva, a negação polêmica e a negação metalingüística.

A negação *descritiva* é uma negação que, em princípio, descreve um estado de coisas sem opor-se a outro discurso. Por exemplo, se digo: "hoje não me sinto bem", podemos imaginar que descrevo meu estado, sem opor-me à opinião de um outro. Mas se uma pessoa me diz: "Paulo é um bobo", e respondo: "Não, não é um bobo", é uma negação *polêmica*, porque me oponho a uma outra fonte enunciativa muito precisa, a do enunciador da primeira oração. A negação metalingüística é de outro tipo: é uma negação dos próprios termos do sujeito, de outro sujeito. Por exemplo, se digo: "Paulo é inteligente", alguém pode contestar a palavra mesma "inteligente": "Paulo não é inteligente, é um gênio". Não há dúvida que, na negação polêmica, na negação metalingüística, tem outra fonte enunciativa à qual você está se opondo. O problema é com a negação descritiva. Porque

---

5. Marlene — Você poderia citar um exemplo? Alguém tinha solicitado um exemplo sobre a imitação, a subversão...

Dominique — Você que é uma grande subversiva (risos)

Marlene — Eu costumo escrever sobre psicologia. Psicologia enquanto profissão. E muitas vezes escrevi e, às vezes, me pego ainda escrevendo assim: "nós psicólogos que predominantemente trabalhamos com testes, com medidas psicológicas, psicodiagnóstico...". Começo quase que tentando uma espécie de identificação com o que é o dominante na prática psicológica, muito embora eu não faça isso, não trabalhe com testes. E eu começo escrevendo esse "nós psicólogos fazemos isto, isto e aquilo, predominantemente..." e vou, no decorrer do texto, puxando o raciocínio para a apresentação de uma outra possibilidade de fazer psicologia, que não seja aquela. Mas usando os próprios..., o próprio movimento desse início da fala em que eu falo no "nós", me colocando como psicóloga que trabalha naquilo que seria a prática dominante em psicologia ainda, pelo menos pelo que dá para perceber pelo Conselho Regional de Psicologia, que é o psicodiagnóstico ou os psicotestes, né, as medidas psicológicas. Então, a subversão estaria nesse início de um... eu, falando na primeira pessoa do plural; estou completamente incluída na descrição de alguma coisa onde eu não vou ficar. A idéia é, pelo contrário, contrapor a essa, uma outra forma de trabalho. Para mim tinha ficado muito claro. Quando eu lí e tentei entender essa coisa da subversão, na imitação, automaticamente me veio esse jeito de escrever que é habitual quando eu tento falar da psicologia enquanto profissão. Não sei se fica mais claro.

Dominique — Para entender é preciso voltar à etimologia, porque "sub-verter" significa fazer voltar passando sob o objeto. A idéia é que você imita e passa sob.

quando digo: "Hoje não me sinto bem" fica mais difícil imaginar uma contraposição. Oswald Ducrot pensa inclusive que nesses casos há uma forma de polifonia: você de todo jeito se opõe a outro enunciador, real ou virtual.

Considerar a negação como um fenômeno que tem a ver com a polifonia implica que, quando falamos, estamos sempre em relação de dialogismo com outras palavras: assim, *falar seria construir, abrir o seu caminho por meio das palavras dos outros.*

Temos um pouco o mesmo problema com a *pressuposição*. No entanto, é mais evidente que se trata de um fenômeno polifônico. Pode-se distinguir dois níveis num enunciado: o *posto* e o *pressuposto*. O *posto* é o aspecto do enunciado que se pode discutir. Se você diz: "O presidente está menos popular", você está falando da popularidade diminuída do presidente. O que não é discutido é: "o presidente antes era mais popular". Esse aspecto do sentido é *pressuposto*. Você dá a possibilidade de discutir unicamente com o posto; o pressuposto está apresentado como fora da discussão. O pressuposto pode ser uma maneira de enredar o outro. É uma manha bem conhecida da polícia. Por exemplo, nessa pergunta a uma pessoa que nega ter matado a mulher: "Quando você matou a mulher?", o pressuposto é: "você matou a mulher!" e o posto é: "quando?". Inclusive quando se emprega um nome próprio ou uma descrição definida, há um pressuposto. Por exemplo, dizendo: "Sofia não quer falar comigo", você pressupõe que existe uma pessoa que se chama Sofia!

Em cada enunciado tem uma repartição posto/pressuposto. Você tem sempre de falar a partir de um certo tipo de informação já pressuposta. Mas essa repartição depende do falante e é uma maneira de enredar o outro e indicar-lhe o fio do discurso no qual tem de orientar-se. Há sempre a possibilidade de contestar a pressuposição. Mas, nesse caso, pode fazê-lo unicamente supondo um outro agressivo, *porque os pressupostos estão apresentados como fora da discussão.*

Uma maneira de analisar a pressuposição seria postular que o pressuposto e o posto não têm o mesmo responsável. O responsável do posto é o que se apresenta como responsável daquilo que está falando; mas o responsável do pressuposto seriam "as pessoas", "todo mundo sabe que". Por exemplo, se digo: "a decadência do ocidente é uma coisa dramática", considero-me responsável pela idéia de que a decadência é uma coisa dramática. Mas no pressuposto: *o ocidente é decadente*, quem está falando? o responsável é apresentado como "as pesso-

A CLÍNICA PSICANALÍTICA NA SOMBRA DO DISCURSO     57

as", "todos"... Quando falamos, estamos sempre transformando o posto em pressuposto, para que o discurso progrida. Por exemplo: "Tenho uma filha. Minha filha tem 14 anos". O pressuposto da segunda oração ("tenho uma filha") é um posto na primeira oração. O interessante é que quando um posto está integrado num pressuposto, o responsável não sou eu; é "todos". O que era subjetivo, o que era dito por mim, quando é assumido como pressuposto, é referido a uma espécie de instância universal neutra. Tem uma espécie de trabalho do discurso que converte o subjetivo no objetivo. Estamos sempre falando do que acabamos de dizer como se fosse uma coisa validada.

O ponto comum entre a negação e a pressuposição é essa presença, dentro da oração mesma, de uma instância enunciativa à qual nos opomos — no caso da negação — ou sobre a qual estamos construindo — no caso do pressuposto —, mas que está sempre dentro do discurso que produzimos.

Logo, o discurso tem uma espessura. Falando, sempre estamos construindo níveis, uma sedimentação. Falamos por meio de várias camadas de sentido.

Agora vou falar de outro tipo de presença de níveis de enunciação no discurso. Creio que não sejam tipos de polifonia, necessariamente, mas que têm a ver com essa idéia de que, ao dizer, construímos níveis distintos e que o sujeito que fala não coincide exatamente com ele mesmo.

Consideremos o fenômeno da *modalização autonímica*. Trata-se de uma das formas de heterogeneidade representadas no discurso que a lingüista Jacqueline Authier chama "não coincidência do dizer". Fenômeno bem diferente do comentário do discurso de um outro (por exemplo, se alguém comenta a Bíblia num sermão), na modalização autonímica o falante comenta o que está dizendo, no fio do próprio discurso. Isto ocorre com muitas fórmulas: "em termos próprios...", "como se diz...", "para falar como os políticos...", "deveria ter dito...", "em certo modo...", "em todos os sentidos das palavras...", "se você me permite essa expressão...", etc. Essas modalizações não têm o mesmo estatuto num texto oral e num texto escrito. Porque quando você está utilizando tais fórmulas num texto escrito, lido, relido, isto é uma ostentação controlada do trabalho da enunciação. Mas se você diz ao paciente: "Fale-me um pouco do seu pai", e ele: "Adorava meu pai... se posso dizer 'adorar'...", esse fenômeno é bem diferente. Nesse caso o que você percebe é a negociação, a luta dele com as palavras; uma enunciação que se está buscando. Nesse tipo de situação, é fundamental estudar esses fenômenos de vacilação, de dúvida, de autocorreção: "Não digo..., não quero dizer isso...". São sintomas, evidentemente. São esses pequenos lugares, esses pontos de ruptura do discurso, que permitem, muitas vezes, entrar nos conflitos...

Passamos da concepção de um discurso como expressão ao discurso como negociação entre forças contraditórias. E se pode, assim, interpretar o discurso como uma espécie de deslocamento perpétuo, um deslizamento perpétuo do dizer. Por isso a noção de "não-coincidências" é rica: o sujeito não é um locutor que poderia tomar posse de si mesmo; mas um movimento, um desequilíbrio permanente.

Jacqueline Authier distingue quatro tipos de *não-coincidências*:

O primeiro tipo seria as *não-coincidências do discurso consigo mesmo*. Por exemplo, se você diz: "como diz tal pessoa...", "para usar as palavras de...", etc, você está referindo o que está dizendo à palavra do outro. É uma pequena glosa que introduz um deslocamento da origem do discurso: "Não sou eu que estou dizendo, isso é discurso do outro".

É preciso lembrar-se de que não existe deontologia explícita sobre discurso relatado. Você não tem nenhuma obrigação de sempre determinar a fonte do discurso. Se você diz que tal palavra é a palavra do outro, essa escolha mostra que você sente a necessidade de traçar, aqui mesmo, uma fronteira. Falar é sempre determinar a fronteira entre o que eu assumo como interior e o que considero como exterior a meu universo.

O segundo tipo de *não-coincidência* seria uma não-coincidência *entre as palavras e a realidade*, o mundo. Por exemplo, se digo: "essa é a palavra que convém!" significa que tem uma adequação entre a palavra e o mundo. Ou também: "como se poderia dizer?", "não sei como dizer". Significa que faltam as palavras para dizê-lo. Pode-se perguntar: "Mas por que essa pessoa pretende dizer que *essa* palavra não convém?; ou convém?; o que significa essa glosa?; que está negociando nessa glosa?"

O terceiro tipo de *não-coincidência* seria a não-coincidência *das palavras consigo mesmas*. Parece um pouco estranho. Sabemos que as palavras são polissêmicas e muitas vezes é difícil achar palavras que não o sejam. Estamos sempre falando com palavras que são instáveis. Virtualmente, cada palavra pode ser comentada, glosada dessa maneira. Logo, é interessante ver como, às vezes, o sujeito se sente obrigado a insistir sobre esse fenômeno. Se você, por exemplo, diz: "no sentido figurado...", ou "em todos os sentidos dessa palavra...", ou "somente no sentido de...", ou "tomando no sentido de...", você está procurando controlar a instabilidade da palavra. Podemos perguntar: "Por que essa pessoa, sobre *essa* palavra precisamente, sente a obrigação de controlar a interpretação?" Ela tem construída uma representação do ouvinte que lhe parece uma ameaça para a interpretação; parece que tem medo que o outro interprete de uma maneira errada.

O quarto tipo de *não-coincidência* mais comum é a não-coincidência *entre o enunciador e o co-enunciador*. Isto acontece quando o sujeito se sente obrigado a situar-se em relação ao outro: "Se você me permite essa expressão...". Há pessoas que estão sempre procurando colocar o outro no jogo; que estão sempre procurando controlar, por meio da própria fala, a relação com o outro.

Esse tipo de glosas é um fenômeno fundamental. O homem é um ser que é capaz de falar da fala (a sua, a do outro). Trata-se de uma capacidade metalingüística que faz parte da competência lingüística. Dizer: "nesse sentido...", "não é a palavra...", é fazer comentários metalingüísticos. O fato de jogar com as palavras supõe também um saber metalingüístico, em particular, um saber sobre o que é a polissemia.

Na modalização autonímica, o discurso aparece como entrelaçamento de duas camadas: se representa como discurso no momento em que se produz. Essa capacidade metalingüística, no entanto, está no discurso, é *metadiscurso*. Se representa assim não para si mesmo, mas segundo a representação que o locutor tem do outro dentro de um gênero de discurso determinado. Falamos sempre ameaçados pelo outro. E por causa dessa ameaça potencial estamos sempre procurando ajustar o discurso. Mas é preciso evitar uma concepção um pouco ingênua do sujeito como controlando o discurso para ajustá-lo. Na verdade, não temos esse olhar exterior sobre a linguagem. A relação que temos com a linguagem não é a relação que temos com um instrumento que está fora de nós. O discurso não está fora de nós: surge por meio de nós e surgimos por meio dele. E é móvel: muitas vezes, vai mais depressa ou mais lentamente do que pensávamos.

A análise do discurso, em função do contexto, procura interpretar as forças que estão implicadas nesse metadiscurso. A interpretação desses fenômenos depende do campo no qual você está trabalhando. Se se trata de discurso político você interpretará esses fenômenos de deslocamento em termos de posicionamento político; mas, se você está escutando um paciente no divã, você fará a interpretação em termos de neurose, ou de complexos, ou de não sei o quê. Se você está estudando entrevistas em uma fábrica, você interpreta o discurso sobre trabalho em termos das posições que têm os locutores na produção, da relação que constrói com o coenunciador, etc. Mas aqui a interpretação não corresponde à interpretação que fazemos espontaneamente quando ouvimos ou lemos; é uma interpretação que mobiliza um *corpus* construído com hipóteses explícitas: o analista estabelece entre textos, ou fragmentos do mesmo texto, relações que aparecem somente por meio de um quadro teórico e metodológico dado.

Um fenômeno interessante nesse tipo de *não-coincidências* são as *paráfrases*. Quando se diz: "a democracia, *isto é...*", dá-se uma definição. O locutor está procurando controlar o sentido de uma palavra, mas é evidente que não existe nenhuma paráfrase que seja *o* sentido. Porque *o* sentido não existe. Não se fala com a língua, fala-se por meio de enunciados que são acontecimentos singulares. E, quando falamos, não tem nenhum dicionário que permitiria saber "exatamente" o que estamos dizendo. Exceto talvez nas matemáticas, na física, porque se trata, em princípio, de terminologia "fechada". Mas quando falamos da religião, da política, da vida, do tempo que faz... estamos manipulando palavras que são deformáveis. Inclusive quando evocamos coisas concretas. Existe, por exemplo, agora, na teoria do léxico o que se chama *a teoria dos protótipos*. Descobriu-se que quando a gente pensa pássaro, não pensa todos os pássaros; para nós, um frango é menos um pássaro que um pardal. Não temos um conceito "o pássaro" que seja fechado. Tem um "pássaro pássaro" e tem pássaros que são "quase pássaros"; por exemplo, pássaros que não voam. Estamos sempre falando com palavras que não têm fronteiras rígidas. O sentido está sempre em reformação. Quando o locutor está fazendo uma paráfrase, a equivalência entre as duas, entre a palavra e a reformulação, não é a equivalência ideal, é já uma interpretação. Se você diz: "a democracia, *isto é...*; *em outras palavras...*", não tem nenhum dicionário ideal que diria o que é democracia. A paráfrase é uma parte do discurso, não é uma referência a um dicionário indiscutível, que existiria fora do discurso. O interessante é estudar essa paráfrase como sintoma, perguntar-se: "mas por que *nesse ponto exato* o sujeito precisa dar um equivalente?"[6]

Termino o tema de hoje com o problema das *palavras entre aspas*. Não é somente um fenômeno escrito. É também oral (regras de entonação que permitem fazer aspas, digamos, orais). Uma vez mais, é um fenômeno que desestabiliza as fronteiras. Quando você está produzindo uma palavra entre aspas, você está, ao mesmo tempo, assumindo a palavra, porque está dentro do fio do seu discurso, e dizendo: "ah, essa não é a minha palavra". Você está na fronteira ao dizer: "isso é meu, e isso não é meu", "eu digo, mas não o digo".

---

6. Marlene — Mas essa não seria uma pergunta que a análise do discurso responderia, né? Nós estamos habituados, em nosso trabalho analítico, a nos perguntar: "por que nesse exato momento se disse isso"; e aí já se parte para a construção de um sentido, singular àquela sessão ou àquela pessoa que está falando. E, muitas vezes, quando se fazem essas perguntas que você fez, pode-se supor que a análise do discurso daria essa resposta. Provavelmente seja um hábito nosso, de psicólogos, o de ficarmos preocupados com onde é que o sujeito — o sujeito psicológico — de alguma forma insurge naquilo que se está falando.

Dominique — Na verdade não é o analista do discurso como meramente analista do discurso que pode responder. A análise do discurso não pode substituir o terapeuta. Mas é possível imaginar que a análise do discurso permita entender muito melhor o processo interpretativo do terapeuta (explicitando os procedimentos que mobiliza, evidenciando fenômenos que não está habituado a sublinhar, modificando a sua concepção da sessão, etc).

Aluno — Onde, quando e como que a análise do discurso interpreta? Um exemplo de quando é permitido ao analista do discurso interpretar.

Dominique — É preciso distinguir dois tipos de interpretação. O primeiro seria a interpretação que um analista faz da fala do paciente dentro da sessão, ao vivo. A Segunda estaria num outro nível; seria uma interpretação construída dentro de um quadro de análise do discurso terapêutico por pessoas que manipulam, ao mesmo tempo, conceitos de psicologia e de Análise do Discurso. O primeiro tipo se poderia encostar contra o segundo, mas me parece evidente que são duas ordens distintas. Além disso, quando eu dizia que o analista do discurso tem que deixar o trabalho ao outro (o sociólogo, o psicólogo...), não é toda a verdade. Por uma razão simples: o outro tem também que ter a mesma concepção do discurso que o analista do discurso. Senão é apenas uma justaposição. Um psicólogo que utiliza a lingüística o fará segundo os seus pré-conceitos; muitos sociólogos utilizam-na com pré-conceitos linguísticos, com a idéia de que o sujeito sabe o que está dizendo, que o discurso é somente uma representação. Tem-se sempre pressupostos. É a mesma coisa com psicólogos! Segundo os pré-conceitos lingüísticos que tem, vai utilizar diferentes tipos de análise do discurso. Por exemplo, quem tem uma concepção do sujeito informada pela psicanálise se sentirá mais próximo da perspectiva européia. Assim, não se pode dizer análise do discurso faria isso. A problemática da modalização autonímica que estou comentando é tipicamente européia! Um psicólogo vai escolher um tipo de análise que corresponde a seus pré-conceitos, e é a mesma coisa para o analista do discurso. Vocês têm a impressão que a análise do discurso tem métodos que poderiam aplicar. Mas não é assim! Há uma variedade de pré-conceitos também! E vocês têm de escolher os da análise do discurso que correspondem aos seus! Se não, não há análise possível. Porque não seria articular, seria justapor!

Atenção! Estou falando aqui das aspas de *modalização autonímica*, as que desestabilizam a oposição lógica entre *uso* e *menção*. Usar uma palavra em *menção* é utilizá-la como significante. Por exemplo, se digo: "a palavra cavalo tem três sílabas", "cavalo", posto entre aspas também, é utilizado em menção; estou mencionando essa palavra. Mas se digo: "gosto do cavalo porque é um animal inteligente", utilizo a palavra em *uso*, porque utilizo a palavra para me referir aos cavalos. No primeiro caso, em menção, utilizo as palavras para referir ao sinal cavalo, não ao cavalo no prado. No caso da palavra entre aspas, da modalização autonímica, estamos numa situação diferente, utilizando a palavra ao mesmo momento como menção *e* como uso. Por exemplo, se digo: "Vi um cavalo vermelho na rua", uso a palavra "cavalo", e ao mesmo tempo digo: "ah, estou mostrando o significante cavalo". Estamos uma vez mais numa fronteira. Porque ao mesmo tempo a palavra é assumida e não assumida. É assumida porque está dentro do discurso, e não se diz "como diz tal pessoa"; utiliza-se a palavra.

Essas aspas de modalização autonímica são um sinal pobre; indicam unicamente que a fronteira entre o seu próprio discurso e o discurso do outro passa por aqui. É o co-enunciador que tem de interpretar. Tudo o que ele sabe é que você mostra uma fronteira, mas a interpretação varia. Por exemplo, você pode pôr aspas porque é uma palavra numa língua estrangeira, ou porque é uma palavra da esquerda e você é de direita, ou ao contrário, ou porque é uma palavra feminista, ou porque é uma palavra do seu pai, da sua mãe, etc. É como se a palavra fosse perigosa, havendo a necessidade de mostrar que não se é contaminado por ela. Tem uma espécie de medo das palavras; como se você pudesse ter uma proteção de vidro contra elas.

As aspas são um sinal, um gesto dirigido ao outro, para proteger-se, para seduzir, etc. Não se deve considerar como expressão do sujeito, mas como uma espécie de jogo de antecipação à decifração do outro sujeito. Se escrevo entre aspas "intelectuais" na oração "Se diz que os 'intelectuais' da USP... votaram em fulano", ponho aspas porque tenho a impressão que, com isso, vou produzir um certo efeito sobre o ouvinte ou leitor, segundo a imagem que eu tenho dele e que eu acredito que ele tem de mim. Como o sinal de aspas é pobre, implica num trabalho interpretativo por parte do leitor ou ouvinte: ele não pode analisar a presença das aspas sem fazer hipóteses sobre a minha própria posição e a sua, levando em conta o gênero de discurso.

Aspas não são obrigatórias; não existe nenhuma lei que nos obrigue a por aspas aqui ou aqui. Usar aspas é uma maneira de o falante dizer: "aqui é a minha fronteira". Essa fronteira, no entanto, é partilhada. É a fronteira do discurso que quero construir em comum com o outro. Por isso, são os discursos mais fechados, de conivência, que têm mais aspas. Tem mais aspas no jornal de um partido que num jornal popular. E tem mais aspas nos jornais cultos, que nos jornais populares. Porque você não pode partilhar um discurso sem a hipótese de uma comunidade imaginária. Como é o outro que decifra as aspas, você não pode controlar totalmente o modo pelo qual ele vai fazê-lo. Há um fenômeno de espelho entre enunciador e receptor: o enunciador constrói a imagem de um duplo imaginário dele, que estaria dentro da mesma fronteira; mas pessoas que vão ler o texto não pertencem necessariamente a essa comunidade que ele pressupõe. No final das contas, se poderia dizer que, idealmente, pertencem à mesma formação discursiva os sujeitos que são capazes de produzir e interpretar aspas da mesma maneira.

# E a Clínica?

# Polifonia (e) Inconsciente

O leitor, se um psicanalista, havia sido convidado a acompanhar amistosamente a aula de D. Maingueneau. Espero, com sinceridade, que o tenha feito, porque assim poderá ser bastante rico o trabalho previsto para este momento: reconhecer nos indicadores de heterogeneidade no discurso condições de possibilidade de uma escuta clínica.

A começar pela *polifonia*. Vejamos.

É uma interessante marca do discurso, esta de se apresentar dividido, múltiplo. Os lingüistas de uma determinada orientação apóiam, nesta sua qualidade, as condições de uma análise que não seja uma análise de conteúdo, ou melhor, que não se restrinja a considerar a fala ou o texto como uma realidade transparente que represente, por *palavras*, as idéias, as situações, as opiniões, as *coisas* enfim, de uma realidade outra, fora da discursiva.

Costumamos nos referir a esse trabalho não restrito ao conteúdo, aqui e em outros escritos (Guirado, 1995), como *análise do modo como se organiza o discurso* (exatamente para diferenciar das análises conteudísticas).

Pois bem. Se, para nós que somos psicanalistas, a idéia de *vozes* no discurso (do paciente, ou de todos, ainda que não estejam na qualidade de pacientes) é tão cara — imprescindível ao ofício até — o mesmo não acontece com a idéia de que o acesso à sua configuração não é tão imediato. Ou seja, nem sempre daí deriva uma concepção de análise do *como se fala*. É mais freqüente ouvir a "voz do inconsciente", para além da voz consciente, de certo modo antropomorfizando, um lugar ou uma instância psíquica; aliás, este feito encontra amparo inegável na maneira como Freud, a partir de 1920, concebe o aparelho psíquico, com sua metáfora de três personagens em dribles constantes para atingir suas finalidades precípuas de obtenção de prazer ou de repressão: o id, o ego e o superego (Freud, 1923). Uma leitura atenta de *O ego e o id* permite assim desenhar a segunda tópica freudiana. Só um pouco mais tarde (Freud, 1925), em *Inibições, sintomas e angústia,* a substancialização de uma trinca de sujeitos espertos a se pregarem peças para a consecução de seus objetivos ganha maior indefinição; mesmo assim, perpetua-se a imagem, na psicanálise, de um inconsciente tripartido na corporeidade dessas instâncias, sendo que, no horizonte de uma formação psíquica saudável, o herói é o ego (Freud, 1938).

Pensar a polifonia como condição de divisão no discurso e como abertura à possibilidade de escutar o modo de organização da fala, na clínica psicanalítica, é poder prescindir de uma imagem tão poderosa como a dessa divisão de três em um, já quase um mito religioso.

Que vantagens traria este novo raciocínio para nossa prática analítica? Em que a faria mais terapêutica e mais analítica? De que se beneficiaria nosso cliente, o paciente, no sentido de ampliar as condições de que dispõe para lidar com suas demandas?

São questões ético-teóricas, estas que põem em evidência nossa intenção de propor alterações na compreensão, na condução e nas finalidades do atendimento clínico psicanalítico. De frente e de fundo, que não se engane o leitor, alguma orientação *teor-ét-ica* existe, desde sempre, na escritura deste livro que se inspira numa certa lingüística para indicar alguns caminhos, também possíveis, à nossa psicanálise. E quem a faça, numa orientação lacaniana, deve estar, a esta altura, identificando alguns pontos de aproximação e, quiçá, de filiação. Em verdade, cada vez que se aproxime psicanálise e lingüística ou, ainda, que se relacione inconsciente e linguagem, há uma tendência a se dizer que se trata de Lacan. Em verdade também, no entanto, se é incontestável a virada teórico-clínica que este modo de pensar fez na psicanálise, nem toda aproximação à lingüística, dada a diversidade nesse campo, é psicanálise lacaniana. Há pontos em comum, há um descentramento do sujeito da fala, mas os termos não se superpõem completamente. Só mais ao final da Parte III será melhor esclarecida a diferença; com direito a alterações na condução mesma da sessão.

A CLÍNICA PSICANALÍTICA NA SOMBRA DO DISCURSO 67

Voltemos, no entanto, às perguntas que nos fizemos antes. Não para respondê-las, como seria nossa pretensão, caso não reconhecêssemos que sua função maior é fazer-nos continuar pensando. Mas sim, para reafirmar, por ora, que numa determinada concepção de análise os sentidos se configuram a partir da *remissão* constante *do que é dito ao dizer*; isto é, que uma determinada concepção de análise se ocupa da *fala como ação*, bem como de sua inerente qualidade de *mostrar* a posição dos falantes. Voltemos às perguntas iniciais, para reafirmar, por fim, que é tal concepção que nos move, desta feita, o pensamento e a escritura; muito embora, só com o conceito de *contexto* se poderão tentar relações mais definidas entre todos os termos (o que, novamente, será feito com os conhecimentos mais detalhados da Parte III).

## As múltiplas vozes e o sujeito da fala

Como se dizia a princípio, a polifonia como constitutiva do discurso é ocasião de multiplicidade de sentidos num mesmo dito. Esses sentidos, entretanto, não são dados de imediato pela reorganização dos significados, do conteúdo da fala ou por sínteses sucessivas desse conteúdo. Ao ouvir um paciente, uma série de indícios polifônicos se anunciam, desde os discursos relatados (direto, indireto e indireto livre) até as pressuposições. Onde e como identificá-los?[7]

Imaginemos uma dessas frases, em tudo corriqueiras, que alguém diga ao analista, em meio a uma descrição, que estivesse fazendo a respeito de mais uma de suas querelas com amigos: "Aí, então, quando você tem a faca e o queijo na mão para sair atacando, você brocha e fica parado com cara de 'ué'..."

Pois bem. Podem-se supor alguns destinos analíticos para a frase. Primeiro, ela pode se perder no mar de palavras que se dizem e ouvem em sessão. Ou receber um destaque devido ao significado francamente agressivo que porta e, por parte de algum analista atento às transferências feitas pelo paciente em relação a ele, ser considerada expressão de desejos destrutivos de suas (do analista) capacidades. Ou, se ouvido como um desses indicadores de divisão no discurso, de polifonia, mereceria outro tratamento. Exatamente pela finalidade deste livro, dedicaremos a esta terceira situação a atenção mais extensa.

---

7. Mais tarde, neste texto, enfrentaremos a interessante discussão do *para quê*.

Um "(...) você tem (...)", dito assim tão distraidamente quando a seqüência de ações descritas eram atribuídas a sujeitos agentes definidos ("Mário disse e eu retruquei", por exemplo), não deixa de ser um daqueles cortes ou daquelas "falhas", pontos privilegiados para apoiar uma hipótese interpretativa. É também um dos importantes indicadores de heterogeneidade, de polifonia, no discurso. Tomado na escuta clínica como um discurso relatado, de ponto de partida supõe duas vozes, a que relata e a que á relatada. No exemplo, de propósito, escolhemos uma ocasião de *discurso indireto livre*, em que os sinais lingüísticos são pouco claros. Assim, buscamos explicar um certo modo de pensar, lá onde ele parece tão improvável. Que fazer! Já é um vício de ofício...

Prossigamos com a "falha" ou com o "dizer livremente indireto" de nosso paciente imaginário. Nesse caso, o uso do pronome pessoal "você" altera, subrepticiamente, o modo como a pessoa vinha falando: instaura-se uma ambiguidade na atribuição de responsabilidade pela ação descrita. Quem seria esse "você"? A própria pessoa? O outro a quem se referia na cena relatada? O analista? Impossível concluir a respeito, pelo menos por ora. Mas alguns efeitos essa fala pode produzir no interlocutor imediato: o analista pode, sem saber como ou porque, sentir-se enredado na trama contada; pode se sentir compelido a ocupar, de repente, um lugar ou uma responsabilidade naquela cena, a que até o momento parecia apenas assistir. Alguém pode, inclusive, sentir-se convidado a reagir por ser nomeado um "brocha", com tudo o que isto significa no nosso dia-a-dia. E assim por diante.

O interessante é que se ponderem quantas possibilidades de reposicionamento dos personagens do *setting* analítico acontecem a partir de um recurso, digamos, gramatical. Mesmo um psicanalista mais afeito poderia se apressar em pensar (e/ou interpretar) que a intencionalidade inconsciente do paciente, na transferência, desferia um de seus golpes, exatamente ao utilizar este efeito da gramática; ou seja, a intenção inconsciente era a de envolver o analista, puxá-lo para a briga, e o "você" seria uma arma eficaz para tanto. Com um pouco de paciência, analítica também, não incorreríamos nessa personificação do inconsciente, atribuindo-lhe as qualidades humanas de inteligência, esperteza e intencionalidade. Apenas assinalaríamos a divisão do discurso, marcaríamos qualquer sentido que a ela atribuíssemos (como esse de enredamento, por exemplo) e aguardaríamos outras equivocidades antes de arrematar numa interpretação. Aliás, esta é a função de *disparador analítico* que havíamos postulado para a discussão que a lingüística faz da heterogeneidade no discurso. É seu valor na análise clínica.

Está aqui um importante *para quê* da articulação esboçada por nós entre conceitos da Análise do Discurso[8] e a prática psicanalítica: retardar o *furor analítico*, buscando configurar sentidos àquilo que se diz em sessão, o mais possível, com base nessa concepção de discurso em análise que resgata a significação no *contexto*, no *dizer*, no *mostrar* e *não* no *dito*, num *inconsciente* pessoal e intransferível *do paciente*. Além disso, ao atentar para o *dizer*, no que diz respeito à responsabilidade do agente/sujeito na cena enunciativa, estamos, na qualidade de analistas, implicando-nos na relação e nos sentidos possíveis do discurso; ou melhor, estamos nos implicando também como agentes no contexto analítico. Nós também fazemos o discurso em análise, quer na expectativa atribuída pela fala do paciente, quer pelos sentidos que atribuímos ao que nos diz o paciente, quer pelo reconhecimento de que nossa fala faz parte do dispositivo discursivo da análise. E esta compreensão é fundamental para a leitura institucional que fazemos da prática clínica.

## O analista como ator em cena

E é exatamente por permitir que se pense a inclusão do analista como constitutivo do cenário analítico, como agente, e não como mero depositário de expectativas do cliente, que nos dedicaremos a comentar, com mais aprofundamento, um dos índices de heterogeneidade de que trata D. Maingueneau: a *pressuposição*. Por ela podemos identificar o quanto fazemos, como analistas, o dispositivo analítico e, com isso, o discurso em análise na clínica psicanalítica.

Insistir neste aspecto é importante porque talvez como decorrência de uma teoria como a psicanalítica, em qualquer de suas vertentes, que constrói o conceito de inconsciente e de relação como *parte-extra-parte*, mediado por uma transferência (inconsciente) do paciente, somos, em maior ou menor grau, levados a nos excluir do discurso que se analisa numa sessão.

---

8. Para que não se tenha que repetir no próprio texto, cansativamente, a cada menção à Análise do Discurso, que se trata da Análise do Discurso apresentada por Dominique Maingueneau, fica aqui grafada esta particularidade.

Pelo estudo da pressuposição será possível identificar nossas falas; na condição de psicanalistas, correm o risco de imputar, ao paciente, lugares e expectativas literalmente inventados por nós. Mesmo sabendo que deste mal será difícil nos livrarmos completamente, convém destacá-lo para que possamos reconhecer melhor sua incidência e devolvermos à sessão sua psicanálise. Sim, porque, de um modo geral, se considera que a fala *do paciente* é prenhe de pressupostos. Afinal, não é a isto que alguns analistas chamam de implícito? E, mais, não é à explicitação do que está implícito que se dirige a interpretação que fazem? Se esta é a função ou o efeito que se atribui à interpretação e se esta é o *modus operandi* preferente do analista, ele (por sua vez e por hipótese) não construiria sentenças com pressuposições. Mas, feliz ou infelizmente, não é de todo assim que as coisas se passam...

Podemos pensar com Dominique que o pressuposto é, por fundamento, uma elisão de sentidos, ou seja, uma afirmação que embute outras, ou outra, enredando o interlocutor. Isto, sem em qualquer momento explicitar a afirmação que pressupõe uma ação que está sendo negada, desconhecida ou mesmo recusada pelo interlocutor.

Ora, quantas vezes não nos pilhamos dizendo, por exemplo: "o que você teme?" ou "o que será que deixa você tão angustiado?". Então! Estas são duas pérolas de nosso recusado, e certamente involuntário, envolvimento no discurso em análise. São duas recorrentes intervenções do terapeuta, que se propõem a caminho de uma interpretação, senão como a própria, e que imputam intenções, sentimentos e posições ao paciente, antes mesmo que ele as afirme, que as reconheça, ou que tenha efetivamente, em algum nível. Está aqui o insidioso risco de sugestão na fala do analista. E mais, o risco de uma provocação, da produção, em cena, da reação agressiva de contestação do paciente, ou num plano mais discreto, de sentimentos. Tudo até iria bem, se o dispositivo analítico não brindasse o psicanalista com a possibilidade de uma "nova" interpretação; agora, de caráter transferencial. Fecha-se o ciclo. E, com ele, a condição de análise.

Poderia ser diferente? Certamente. Talvez até o seja com freqüência. No entanto, é inegável que, por teoria e por dispositivo concreto (disposição dos pares na relação terapêutica), a tendência a trair, com pressupostos, a intenção de análise é muito grande. Fica valendo o alerta, portanto. E mais, coloca-se nossa prática em discussão, pelo confronto com outras produções do conhecimento, ampliando e diversificando os horizontes e as possibilidades clínicas.

O professor Dominique, num determinado momento da aula transcrita no capítulo anterior, tenta fazer, ele mesmo, aproximações com as terapias. Pergunta-se sobre o porquê de algumas pessoas opacificarem suas falas por meio de ironias, pressuposições e discursos indiretos livres. Ele imagina que a resposta a esse porquê vai nos conduzir ao âmbito da psicologia e da psicanálise. E só com muito cuidado não recaímos numa imagem de um sujeito psíquico, resultante endógeno de uma acirrada luta biológico-instintiva. Mas é também com cuidado que poderíamos aceitar o desafio de pensar a psicologia em outra língua, nessa que Dominique, em português, tenta explicar — a da análise de discurso.

Assim *trazemos a discussão a respeito da heterogeneidade do discurso para o nível psicológico*: com a suposição de que para dar conta de determinadas perguntas sobre o modo como se organiza a fala, esse plano permite um bom recorte. Talvez possamos nos convencer de que tal plano não é necessariamente o da endogenia psíquica, e sim o de modalidades singulares de organização de estilos de pensar, perceber e falar que se assentam na história de relações que se podem estabelecer vida a dentro. Esse, um jeito de entender o termo psicológico ou psíquico, um jeito de recortar para análise um nível ou um plano que equidista das psicanálises ortodoxas e da lingüística.

## A dimensão psíquica da palavra aberta

Enfrentemos, então, com essa disposição, a pergunta a respeito do porquê de certas formas preferentes de opacificar o sentido do discurso. Estaremos dando foco, agora, aos índices de heterogeneidade na fala das pessoas, candidatas ou não ao processo terapêutico.

Há uma contribuição importante na aula de Maingueneau, que podemos retomar para esta discussão: ele afirma que os índices de heterogeneidade acabam por despistar a responsabilidade sobre o dito. É isto que se mostra ao dizer algo prenhe de pressupostos, ironicamente, ou de modo relatado, enviesando a direção do recado. Poderíamos até considerar que *o que se mostra* está tão disfarçado que mesmo os psicanalistas que dizem *trabalhar com o implícito* podem não reconhecer aí o despistamento do sentido. A rigor, *o que se mostra* não é da ordem do sentido discreto das palavras. Parece, portanto, desafiador considerar o *mostrado*, mais que o *dito*, como sendo indicador de sentidos. Assim, o que se mostra com os "truques" que a linguagem oferece, de alguma forma, é um equivocado posicionamento dos sujeitos na enunciação; resta-nos seguir pistas daí decorrentes para alçar (sem saber de antemão quando nem como) onde se assenta o sujeito falante, o que assume para si e o que não assume, como prossegue seu enredo e como enreda o interlocutor que, no caso do analista, na contracorrente, atenta para seus movimentos (esses do sujeito fantasma que a análise pode configurar).

É a relação terapêutica, ou se preferir, analítica, que está portanto em análise, uma vez que o par em desencontro contínuo é aquele que ali está: mais uma vez um analista e mais uma vez um seu cliente. Ora, expectativas geradas nos respectivos postos, entra em cena um conceito fundamental para um dos parceiros, o de transferência. Nesse jogo de pega-pega, o terapeuta, quando liberado no limite possível do exagero de seus pressupostos teóricos, vai seguir as marcas, ou melhor, as falhas discursivas que permitirão alargar o horizonte de hipóteses interpretativas sobre os lugares que posicionam o sujeito da enunciação, sua distância/proximidade, sua oposição/concordância, sua relação enfim com o sujeito do enunciado. Como tudo isso é um jogo, dele faz parte o próprio terapeuta. Para que se instrumente do conceito de transferência, deverá atentar para o que fica sendo marcado como o seu lugar na cena. Entrar nele ou recusá-lo, seja lá do jeito que for, é decisão estratégica no contexto analítico. Já sabemos que nossa posição se constrói, inevitavelmente, em relação ao paciente, às coisas que sabemos sobre o funcionamento psíquico, e assim por diante. Mas a intenção deliberada de participar do jogo sem assumir completamente o papel que nos é delegado pela teoria e pelo paciente vai fazer diferença. Vai permitir, por exemplo, sondar os destinos das falas e dos sentimentos, quando estes mais ou menos diretamente são dirigidos a nós.

A pesquisa do sentimento faz parte. É importante considerar o atordoamento, a irritação, a sensação de aprisionamento ou de inexistência no *setting*, a que nos remetem certas falas de certos pacientes em certos momentos. São indicadores de algo que se passa na relação, orientados que estamos pelos ditames do paciente. Os pressupostos, a ironia e a ambiguidade, já sabemos, ao favorecerem o enredamento do interlocutor, podem apontar para saídas e respostas desse tipo. Ora, a condição primeira para não *entrar de gaiato no navio* é reconhecer os sinais discursivos disparadores. Retoma-se a condição de análise pelo estranhamento conjunto de nossa reação/sensação e da construção lingüística do discurso do paciente.

A CLÍNICA PSICANALÍTICA NA SOMBRA DO DISCURSO                                73

Como se pode notar, ao tomarmos o psíquico como plano de análise, apenas *afinamos nossos instrumentos de leitura* com conceitos psicanalíticos. Era o esperado. Afinal, o contexto de uma relação terapêutica psicanalítica os supõe com especificidade. Mas que não se esqueça que são termos diretamente voltados para a relação estabelecida no discurso da sessão. Não é preciso recorrer a explicações que "animem" os conceitos de instinto, protofantasia, ego/id/superego, pulsão de vida e de morte. Aliás, realmente, de pouca valia clínica mostram-se eles. Tanto para constituir a escuta como para interpretar.

## O enquadre e as subversões polifônicas

Nesse sentido, outras aproximações poderiam ainda ser feitas. Pense-se, por exemplo, o quanto que o *enquadre* pode ser atingido por essas espécies de *subversões* do discurso. Considerando-se que ele faz parte do jogo, que ele põe regras mínimas que definem lugares e condutas e que, independentemente de seu caráter mais ou menos autoritário ou justo, é aceito como o perímetro de manobras admitidas em sessão, um ataque surdo-mudo às suas exigências seria um golpe fundo na distribuição e nas atribuições dos lugares dos parceiros, no contexto geral das jogadas. Reconhecemos, nem sempre a bom tempo, como alguns pacientes assim se posicionam. Nem sempre também, antecipamo-nos ao acontecimento, identificando os sinais discursivos dessa conduta. Por exemplo, é freqüente surgirem autocorreções nas falas de nossos pacientes; a pontuação, ainda que não expressa, desses "engasgos" pode abrir pistas para que se acompanhe, no melhor vernáculo psicanalítico, as trilhas de algum desejo.

Freud, no texto *A denegação* (1919), relata-nos uma situação clínica de um paciente que lhe conta um sonho onde figuram detalhes de uma personagem feminina. Sem que nada lhe tivesse sido adiantado, o rapaz diz: "o senhor me pergunta quem pode ser essa pessoa no sonho; *não* é minha mãe". O analista, interessado estudioso de assuntos referentes à alma humana, retira de uma situação assim tão corriqueira, em que uma pessoa se antecipa ao que julga ser a apreciação do interlocutor e faz nela um reparo, uma chave para desvendar novos campos em seu saber ou, simplesmente retira saber para configurar o campo de seu objeto de estudos, o inconsciente. É convincente ao afirmar que tinha certeza de que *era com a mãe que o paciente sonhara*.

Por quê? Se tal representante surge "espontaneamente", lembra-nos Freud, é porque algo se discriminou (alguma imagem) no fundo de indiferenciação afetivo-pulsional inconsciente. A negativa presta-se apenas a manter suspensa, na cena onírica, a presença da mãe. E, no caso de ser *mãe* a palavra recorrida, ah!..., o paciente está perdido... *Entregou o ouro ao bandido!* Nada mais apropriado que isso para que se confirmassem as teorias sobre o desejo edipiano, com toda carga sensual que ele porta. Mas nosso Freud foi além, como sempre o fazia, surpreendendo sua platéia relativamente cativa: discute a questão do juízo de existência e juízo atribuição. Com isso, coloca-nos num plano de análise que, sem necessitar das profecias relativas de um projeto de psicologia para neurólogos, aproxima-nos mais da orientação assinalada no discurso mesmo.

Como se vê, não há, nas origens da psicanálise, o que hoje parece existir: um certo desprezo por essa forma de trabalho que se desenha nas palavras ditas, no como, no quando e no onde são ditas; na enunciação portanto.

Aliás, em muitas outras ocasiões, Freud é expresso quanto a isto: o *Estranho* (1919) é exemplar. Aqui, não numa sessão, mas numa pesquisa etimológica, ele se dedica a demonstrar, na equivocidade de um termo, sua condição de dizer sentidos opostos. No alemão, a palavra *heimlich* (familiar) vai derivando sentidos até poder significar o mesmo que *unheimlich* (estranho). Freud, então, rebatiza o *inconsciente*: é, a partir de agora, *este estranho familiar que nos habita*. Ou numa linguagem menos animista e substancializadora, é *esta ambiguidade que nos assola*, na palavra e na sensação estranhamente familiar vivida em certas experiências. É este paradoxal convívio de opostos, de duplos, de repetições à revelia de nossa vontade ou de nosso controle. É claro que, para ele, o inconsciente vai além de uma realidade lingüística; no entanto, como poucas vezes, trança as pernas da instância psíquica com as da palavra, sobretudo, no tocante aos efeitos de ambas. Literalmente, funcionam, uma como a outra, podendo, por isso, dizer-se uma pela outra... *o inconsciente como o estranho familiar*, naquilo que se repete, que se apresenta fragmentário, no morto-vivo, na morte.

É evidente que o que surpreende nesse texto é exatamente o fato de Freud não ser tão freudiano; ou seja, é o fato de Freud tomar, a partir de um ângulo inédito na teoria, um tema recorrente. Assim, que não se pense que, depois deste texto, nosso autor jamais voltaria às substancializações de um inconsciente que *se expressa*. Mas ter pensado de tal modo, no mínimo, delega a seus seguidores o conforto de pensar fora das formatações habituais das idéias psicanalíticas, ou melhor, na fronteira com outras formas de conhecimento. Freud ousou, e o resultado foi autorizar que se continue, a sério, ousando. Um resultado que, o leitor já deve ter percebido, está na ordem do dizer, sobretudo.

*Uma análise de discurso*, não necessariamente a Análise do Discurso (grafada com as iniciais em maiúsculas, desde o início deste livro, para se referir ao trabalho de lingüistas), mesmo no contexto mais geral dos dispositivos psicanalíticos, ou exatamente por isso, *será psicanálise se atentar para a heterogeneidade mostrada no discurso, se pontuar ou estabelecer cortes em função das ocorrências lingüísticas que insistimos em apresentar nesta ocasião.* Será psicanálise, inclusive, *se* puder *considerar a contextura discursiva*, ou seja, se puder considerar que *qualquer subjetividade configurada à análise não se faz senão levando em conta um analista como parte da cena, com tudo o que isso implica.* Mas *será psicanálise somente quando tiver todos esses recursos à disposição de pensar singularidades*, carregando para essa idéia as outras que lhe podemos colocar vizinhas.

Ironias, equívocos, denegações, pressupostos, discursos relatados, meta-discursos, polifonias enfim, um festival de tonalidades discursivas à escuta clínica, uma orquestração de estranhamentos sucessivos. Boas condições de análise, no horizonte.

Em resposta a um aluno do curso, ao final da aula transcrita no capítulo anterior, Dominique, com clareza ímpar, afirma que o psicólogo, para trabalhar com recursos que vem da Análise do Discurso, terá de participar de uma concepção de discurso e de fala que lhe é peculiar. Por exemplo, não poderia pensar o discurso como representação da realidade. Nem que essa realidade fosse a *psíquica*, acrescentamos nós.

Para prosseguir com conceitos mais claros e preconceitos mais enfraquecidos, na <u>Parte III</u> trataremos, com mais detalhes, do tema.

# Parte III

# A Cena

# Para Começar...

# A cena Psicanalítica

A discussão da <u>Parte II</u> — A *Palavra Aberta* — talvez tenha sido a que mais diretamente permitiu tocar o ponto que queremos atingir no âmbito deste livro: como a psicanálise pode ser reinterpretada, tendo em vista alguns referentes da escuta e da leitura descritos pela Análise do Discurso.

Com folga, pudemos apontar aquilo em que os disparadores de escuta formalizados por uma certa lingüística fazem interface com o que diz o criador da psicanálise, sem que se procedam necessariamente migrações indevidas de conceitos e sem que se violentem os limites de território das duas modalidades de conhecimento.

Tocamos na questão da especificidade da situação clínica, em relação ao que propõe a AD, no que diz respeito ao *corpus* trabalhado e ao sujeito configurado pela análise. Em verdade, usamos sem mencionar um conceito que nos é fundamental, o de *instituição concreta*, para reler os textos de Freud e Maingueneau e, com eles, justificar a aproximação que ora fazemos no tocante à clínica psicanalítica.

Esse conceito, inclusive, é o que permite fazer deslizar a idéia de *cena*. Afinal, a clínica como instituição, como conjunto de relações que se fazem e enquanto isso configuram um terreno muito próprio, pode ser pensada nos termos de uma cena que se reconstrói a cada situação concreta de atendimento. E é esta compreensão que vai permitir, por sua vez, a passagem para o estudo da *cena genérica* e do *gênero de discurso* na AD.

# Da instituição da cena

A aula que será transcrita no capítulo seguinte foi ministrada pelo professor Dominique a 5 de abril de 1995. Sua importância para nós reside no fato de tratar da questão dos *Gêneros de Discurso*. Como se verá, ele atribui ao termo um sentido que não combina de imediato com o que comumente chamamos de gênero de discurso: determinados tipos de escrita, como romances, poesia, ensaios, e assim por diante. Se não for isso, o que será? Para a lingüística que Maingueneau faz e professa, o GD é um conceito que, de certo modo, traz o trabalho lingüístico para ser pensado na fronteira da sociologia e da antropologia. O GD é um dispositivo, uma rede de condições psicossociais, um certo quadro que permite apreender e interpretar um enunciado. Além disso, ao lado do conceito de comunidade discursiva, é muito provável que seja este, de GD, o que mais diretamente aproxima a Análise do Discurso do pensamento de Foucault: o discurso como acontecimento, como ato, como prática.

Nosso leitor, psicanalista ou psicoterapeuta, há de insistir em perguntar: "mas... o que tem isso, *mesmo*, a ver com a clínica?".

Talvez esteja aqui a possibilidade de, mais uma vez, esclarecer algo que, ao dizer, sempre me sinto *forçando alguma barra*: em geral, pensamos em *levar a psicanálise para as instituições*, como os hospitais, as organizações de educação, de trabalho e as assistenciais e, enquanto isso, deixamos de considerar *a psicanálise e a clínica como instituições*. Pois bem. É este último raciocínio que justifica o intento do presente livro. É porque se toma a dimensão institucional do atendimento e do conhecimento psicanalítico como nível de análise que se podem pensar as contribuições do campo da AD ao nosso trabalho. É porque se considera a *psicanálise*, nas suas formas clínica e de produção do conhecimento, *como instituição*, que se pode pensá-la como um dispositivo discursivo que também se põe em análise. A propósito, portanto, o título do livro: *Clínica Psicanalítica na Sombra do Discurso*. A propósito também, a discussão feita sobre os riscos de considerar que o analisável é o discurso *do paciente* ou, em outra linguagem, seus sentimentos e reações transferenciais, como se sozinho, um personagem fizesse a cena.

Pensar a clínica como instituição (muito mais do que nós, psicanalistas, gostaríamos) implica-nos numa relação e nos demarca um lugar, num contexto, que impede de conceber para o analista apenas o lugar delegado imaginariamente pelo paciente. De repente, com este modo de pensar, o analista não se livra da condição de *agente* de uma determinada instituição, em nada autorizado a analisar ou ser ocasião de análise do *discurso do paciente*. É para valer, e concretamente, que *este agente com seu cliente produzem* o *discurso em análise*. E, implícitos, explícitos, jogos de poder, erotizações e desejos trazem-no para uma posição de primeira linha, para um lugar no palco e na cena, e não só como tela de projeção para o paciente. Por várias razões, ele não será, nesta concepção, o *suposto-saber*, cujo valor e peso no processo sejam virtuais, na dependência das atribuições imaginárias facultadas pela posição do analisante. Ele efetiva e concretamente não o é, quer seja pelas intervenções que faça, quer pela formação que tem ou pelas teorias a que se filia e que o tornam prenhe de palavras, ainda que de *outras palavras*.

O conceito de instituição que marca a estratégia de pensamento que ora se coloca, vale repetir, não é mais o de instituição como organização ou estabelecimento que se caracteriza pela coexistência de (ou relação entre) várias pessoas. Não é o número de agentes que faz a instituição, mas sim o fato de certas práticas, certas relações, se repetirem em seus padrões básicos e ganharem, com isso, aos olhos de quem as faz, naturalidade e legitimidade, conforme nos ensinou Guilhon Albuquerque (1980). Instituição é, assim, esse fazer que se repete e que, na ordem das representações, move os efeitos de reconhecimento de sua legitimidade e de desconhecimento de sua relatividade entre outras formas possíveis de se fazer (e, por que não, nesse sentido, de ser). A clínica ou o consultório, dessa ótica, jamais se poderá dizer como sinônimo de um espaço físico. E, já sabemos, também não se poderá dizer como relação bi-pessoal, que como tal se esgotaria, não fosse o atravessamento que sofre por parte dos fantasmas transferenciais, asas do desejo. Será, isto sim, uma relação que assim se instituiu concretamente e que resiste a perceber-se como instituída, para que a mágica não acabe, para que não se quebre o encanto de uma especialidade única, extemporânea (aqui, os efeitos de reconhecimento e desconhecimento no discurso do analista; assim, pilhamo-nos pensando, sem pensar, nossa psicanálise).

E o que tudo isso tem a ver com os gêneros de discurso?

Rigorosamente falando, o conceito de instituição que responde por este modo de pensar encontra, no conceito de GD desta lingüística que ora adotamos, um equivalente. Não apenas por semelhança dos termos empregados para dizer de um e de outro, mas, sobretudo, pela posição no conjunto da teoria, pela significação geral que adquirem a partir daí e pelos efeitos previstos para ambos no contexto de análise. Vejamos se é possível deixar mais claro.

Primeiro, para o analista do discurso, a significação atribuída ao termo GD, como dissemos, põe a lingüística na interface com as áreas do conhecimento que tratam de fatos, de fenômenos ou da dimensão social deles. Depois, sua relação com o acontecer discursivo deve ser identificada para que se possa dizer do sentido do que é dito. Ou seja, os termos *instituição*, conforme o empregamos, e *gênero discursivo*, conforme o empregam os lingüistas, *circunscrevem um plano de análise*: o das relações de contexto que atribuem sentido ao que se diz. Mais: é nesse plano que se identifica a *legitimação* de *o quê* e *como* se diz. Este aspecto ficará suficientemente expresso na aula do professor Dominique. A exemplo, quando ele aponta para o fato de o GD ser aquilo, ou melhor, o quadro que prevê certas formas de comportamento e certos enunciados, *tranquilizando* os personagens em cena e permitindo-lhe prosseguir a interação, *naturalmente*. De um modo que, suspenso o GD, seria *insólito*. Nada mais próximo que a idéia de efeitos de reconhecimento e desconhecimento que naturalizam uma prática institucional, elidindo seu caráter instituído e, portanto, relativo!

É comum ouvir-se de um psicanalista que o que se fala na sessão só tem sentido nela. Fora, pareceriam loucuras. Está coberto de razão! E se não chega a parecer loucura, no mínimo, descaracteriza-se como psicanálise ou como análise. Mas por quê? De certo modo, é simples: é porque muda o contexto. Só que essa simplicidade vai ter de se comprometer, isto é, vai exigir que se pense o quanto os sentidos da escuta do analista só se constróem na rede de conceitos e de afetos que são previstos pela psicanálise. Não há aqui qualquer segredo. Basta pensar que, ao ouvir o que me diz um paciente em sessão, posso tomar suas palavras como um relato imaginário, que me atribui o lugar de um outro com carne e osso que acompanha seus enredos e seus sentimentos à imagem e semelhança do que e do como me diz; nisso, denuncio-me como analista de determinada orientação (à francesa, com maiores chances). Este fato, em si, fala da implicação e da contextualização do discurso em análise. De fato, implicado não está só o paciente na rede de sentidos que o quadro favorece ao dito. O discurso em questão é o da análise, psicanálise ou clínica psicanalítica, e não o discurso do paciente.

Por aí a fora, tantos outros desdobramentos poderiam ser pensados... Aliás, quantos conceitos poderiam ser repensados à luz deste recorte que ora fazemos da situação analítica. O de transferência está em primeiro lugar na fila. Se não o tomamos agora em consideração, é para fazê-lo mais extensamente, adiante.

# Com Freud, a cena primeva.
# Isto é, a cena genérica

Como se acompanhará na exposição de Maingueneau, a identificação ou caracterização de um GD depende de um trabalho de análise que se pode dar em planos ou níveis: o da tipologia (tipo de interação em jogo), o da cena genérica (determinação de tempo, lugar e discurso em questão) e o da cenografia (código da relação que o discurso impõe).

Para o momento (sem maiores explicações, pois estas virão nas palavras de Dominique), cumpre dizer que, mais de perto, interessa-nos trabalhar com as idéias de cenografia e cena genérica. Ou melhor, interessa-nos trabalhar com as derivações da segunda na primeira.

A cena genérica da psicanálise compõe-se, nas origens, de um médico e sua/seu cliente. Não um médico qualquer, mas Freud: neurologista, que inventa o psicológico, por inferência, a partir de situações clínicas para as quais o conhecimento da biologia não dava respostas convincentes. Vai à luta e reclama para a alma (sexuada, sem sombra de dúvida!) o engenho de certos males, cuja configuração pode até se dar por sintomas físicos, mas que reservam sua etiologia, em primeira instância, para a relações significativas e significativamente amorosas.

Doutor Sigmund escreve a bico de pena e tinteiro. E escreve muito. Com lógica irrepreensivelmente retórica, convence de forma segura e duradoura, a princípio uns poucos e, com o passar dos tempos, inúmeros colegas, leigos, seguidores e, praticamente sem exagero, uma cultura. Trabalha em seu consultório, no atendimento de oito pacientes por dia, com horários e honorários estabelecidos por consultas de uma hora. Isto, com justificativas nada técnicas ou teórico-ocultistas; e sim, com justificativas circunstanciais (e que hoje alguns, mais religiosamente psicanalistas ou edulcoradamente intelectuais poderiam julgar profanas e incorretas), como por exemplo a de que era um médico, um profissional que precisava ganhar seu sustento e de sua família e que, portanto, deveria ordenar o tempo do atendimento. Aliás, nada disso deveria funcionar como motivo de culpa, vergonha ou embaraçamento seu, diante dos clientes: assim, perderia a isenção necessária, segundo ele, para interpretar constrangimentos destes, no que diz respeito à sexualidade e seus deslocamentos, como se previa acontecer na lida com o dinheiro. Ciente que era da importância de suas idéias, não poderia confiar apenas na transmissão difusa das edições de seus escritos. E, mais ou menos (inconscientemente!?) animado pelas intenções que ora lhe atribuo, segue Freud instituindo para valer sua psicanálise: organiza formalmente o grupo de estudiosos e práticos de tal método, pedra fundadora do que hoje se conhece como IPA (*International Psychoanalitic Association*).

O leitor interessado pode resgatar esse *espírito da coisa* na leitura de um de seus últimos textos, o *Análise Terminável e Interminável* (1938). Lá encontrará também as marcas do tempo e do contexto, tecendo algumas idéias e suas justificativas, ou melhor, tecendo o texto. Tudo (texto/contexto), de certa forma inseparável; algo como um *ar de época* respondendo pelo perfil e pelos encaminhamentos teórico-técnicos possíveis para a psicanálise.

De que falo? De uma espécie de interdiscurso, de um atravessamento inevitável do discurso médico, no momento mesmo em que Freud atende e escreve sobre a importância diagnóstica das primeiras sessões. Não apenas por ser diagnóstico, mas por dever ser o paciente ouvido e argüido, por um quase sem tempo de 15 dias, até que se pudesse afirmar que se tratava de um neurótico ou um portador de um distúrbio qualquer sem a etiologia psicogênica.

Quanto cuidado diagnóstico! Quanta exigência de discriminação e diferenciação! Quanta curiosidade e atenção! Hoje já nem se imaginam mais primeiras entrevistas que levem três semanas para dizer se o problema é psíquico ou de outra ordem; se é ou não caso para a psicanálise... Mas Freud, por texto e contexto, o fazia.

Não devemos nos esquecer de que o Doutor estava inventando a psicanálise como método de tratamento que, numa ordem diferente daquela em que se dá o tratamento de doenças físicas, se disporia a dirimir o sofrimento de que se queixava aquele que o procurava, muitas vezes vindo de longe e movido por ouvir falar do médico das causas psíquicas. Nada mais *natural* do que a conduta ética de aceitar em atendimento somente aqueles casos que dissessem respeito às suas *descobertas*. O diagnóstico, portanto, não só por motivos teóricos ou técnicos de um estudo recente (naquela época), deveria ser demorado e acurado o quanto precisasse sê-lo. Mas também porque ele se construíra na interface do discurso médico a respeito da saúde/doença física, apartada desse novo campo do conhecimento/tratamento, o psicológico.

Assim não é qualquer médico, qualquer cliente ou qualquer tratamento. O cenário que se vai constituindo vai ganhando sentido pela articulação de todos esses fatores. A cena psicanalítica genérica é esta composição característica de um discurso datado e situado: a cena originária. E, de certo modo, é ela que ainda hoje marca, no traçado fundamental, o GD da psicanálise. As variações, nas incontáveis repetições da prática clínica, ficam a cargo das diferenças de escola, estilo, ou seja, do modo como o analista, em função disso, põe-se analista.

E, com estas últimas considerações, estamos no nível da cenografia, para pensar a clínica: o nível em que se procedem as análises de discurso das (e nas) instituições concretas.

## Psicanalítico, mas não só. Discursivo, mas não lacaniano

Pela importância que esta afirmação possa ter para os interessados na estratégia de pensamento que ora desenvolvemos, antes de nos voltarmos completamente à relação terapêutica, dediquemos alguns parágrafos a pensar o que chamamos de análise de discurso das instituições concretas, ou melhor, análise das relações nas e das instituições outras que não o consultório.

Quando tomamos em análise a fala de agentes institucionais para nela destacar o modo de sua organização, as regularidades e as rupturas que fazem no sentido geral que se propõem dizer, a orientação da trama discursiva e os papéis ou lugares em que se põem os falantes e aqueles que delegam a outros, inclusive ao interlocutor imediato (o pesquisador, por exemplo), estamos em verdade operando no plano de um cenário composto. Quando consideramos a nossa própria implicação como interlocutores concretos naquela situação, nossas demandas em relação ao que é dito, e o quadro geral da interlocução (como o fato de tratar-se de uma entrevista com a finalidade de pesquisa acadêmica, por exemplo), estamos igualmente operando no plano da cenografia. Toda e qualquer significação que se venha a propor, como resultado do trabalho analítico, inevitavelmente passará por esse contexto assim concreto. É por ele que as falas dos agentes, o discurso, ganharão sentido à análise. O sentido é, portanto, uma construção. Como o é o sujeito do discurso em análise, por decorrência.

Estão aí os aspectos desta nossa compreensão, que mais a aproximam da Análise do Discurso, como a caracterizamos aqui: pela vertente da teoria da enunciação, um tratamento pragmático do discurso.

São, ainda, os aspectos acima que marcam as diferenças, agora no interior mesmo do campo psicanalítico, em relação à psicanálise lacaniana. Não se trata de operar com uma conceituação de registro simbólico e outra de imaginário, como se este fosse da ordem do significado (e, como querem alguns, um trabalho psicológico, e não analítico) e como se aquele (o simbólico) fosse da ordem da estrutura vazia, demarcadora de lugares-significantes. Nem se trata de conferir ao sujeito, uma posição que esbarra na substancialidade de uma divisão inconsciente, como se pode depreender das concepções características dessa psicanálise. Numa leitura que dela se pode fazer, desde que numa posição de psicanalista não comprometido ou alistado em suas fileiras.

E, já que pisamos o campo da psicanálise novamente, podemos voltar a falar da clínica. Não esquecendo que a deixamos em suspenso, um pouco antes, exatamente quando dizíamos trabalhar no plano da cenografia, com tudo o que isto supõe da cena genérica, no nosso caso, a primeva, diria Freud.

# Da clínica freudiana à clínica nossa de cada dia

Como é delicado funcionar analiticamente com vários vetores ao mesmo tempo! Mesmo assim, é preciso demonstrar que está aí, inclusive, uma questão ética: a de produzir interpretações que organizem significações a partir do *quadro*, do contexto concreto em que se fala. É delicado mas necessário, então, considerar o trançado conceitual na textura em que se apresenta. Vamos lá!

Pensando com Dominique que a *cena englobante*[9] é a das terapias e/ou análises, a *cena genérica* é a clínica de uma determinada orientação para a qual se geram expectativas de um certo tipo de interlocução, procurada que sou por alguém, o cliente, que precise de meus serviços como psicanalista. A *cenografia*, por sua vez, implicará nas formas concretas mais particulares em que os personagens atribuir-se-ão papéis e os atuarão. Tudo, sempre, como discurso. Na rede discursiva, portanto.

Também, *pela própria característica reflexiva da linguagem, as falas produzem, em ato, a legitimação do direito de dizer e do lugar a partir de que se diz.*

Como se pode notar, na base, estamos todo o tempo querendo convencer nosso leitor psicanalista que, ao assim se pôr, faz concretamente uma cena genérica, um gênero de discurso, o *quadro* da produção clínica. Disso não se pode abrir mão *para pensar os sentidos* que saltam à cenografia clínica. Sim porque, em geral, este é o passe mágico para a naturalização do instituído. Costumamos, *não só esquecer* que o discurso, como rede, enreda, ou melhor, supõe a escuta/fala do analista, como também tendemos a *ignorar* que, como atores, constituímos a cena analítica na qualidade de analistas.

Pois bem. Devidamente insertos no quadro, na cena clínica, qualquer *enunciação* a ser considerada analiticamente poderá e deverá sê-lo, em nosso caso das terapêuticas, *como cenografia clínica.* E se estamos certos, aqui, a complexidade se intensifica. Vejamos o porquê.

O fato de uma pessoa nos procurar em nosso consultório, solicitando nossa atenção especializada (para terapia ou análise), favorece o reconhecimento desta situação como de atendimento em que o jogo supõe parceiros em posições desiguais, ou melhor, supõe o reconhecimento de uma cena em que os papéis diferenciados definem-se como o de quem ouve e vai tentar identificar os *reais motivos* da queixa ou da demanda e o de quem fala, queixando-se ou demandando. Ora, a reconstrução da cena, a cenografia, se faz nesse reconhecimento de que é o discurso do paciente que se põe como o discurso analisável, quer seja pelo psicanalista, quer seja pelo próprio paciente. É *na própria construção*, portanto, que *se opacifica a rede discursiva.*

---

9. Em 1999, em entrevista aberta no Instituto de Psicologia, Dominique Maingueneau, respondendo a uma pergunta que lhe fiz sobre *cena enunciativa*, fala dos planos em que se pode analisá-la: o da cena englobante, da cena genérica e o da cenografia. Tudo indica que o que, na aula de 1995, chamou de tipologia, superpõe-se ao plano da cena englobante.

Mais: nossa escuta também a constitui. Afinal, ela é constituída de palavras referidas àquilo que se ouve, antes mesmo de se ouvir, ou seja, ela constitui sentidos à escuta bem como à fala (na e pela história) do paciente.

Aliás, *se operamos com a preocupação de considerar, para a análise e a configuração de sentidos, o modo de produção de um determinado gênero de discurso* (o contexto), nada mais coerente do que considerar, no caso da clínica psicanalítica, os conceitos e pressupostos teóricos que em sua história se formularam (e ainda se formulam). *Torna-se assim possível, exatamente pelos princípios mesmos da AD, trabalhar com a clínica*, exatamente também, *com e em sua especificidade.* Só assim, se justifica este esforço que ora empreendemos. Por seu contexto específico, a clínica pode ser pensada e feita na fronteira destoutra área de conhecimento.

Nossa história de instituição do conhecimento psicanalítico, como vimos em Freud, faz-se na conquista de uma ordem de explicação da conduta em sua dimensão psicológica, entendendo-se por tantos motivos nada palpáveis, como as pulsões, os desejos, as fantasias, o inconsciente sexual, e assim por diante. Todos, já dissemos, com sede num indivíduo-pessoa-falante. Ora, se quisermos dizer que fazemos esta clínica, não poderemos negar que estas idéias informam o ato analítico. É com elas que operamos. Elas fazem parte do contexto que institui sentidos e que orienta qualquer intervenção possível. E tais sentidos se configurarão, inelutavelmente, no âmbito de um sujeito psíquico, isto é, no âmbito de o que sente/não sente, deseja/não deseja, reconhece/desconhece, recusa/rejeita/nega/conscientiza-se, *aquele que nos fala.* Às vezes, por esse caminho acaba por acontecer uma espécie de *encarnação ou substancialização do inconsciente*, agora um homúnculo que condensa (e desloca...) as razões de nossa conduta e de nosso ser consciente: é quando o sujeito psíquico assume seu perfil completamente endógeno.

Estamos então diante de um paradoxo? A clínica psicanalítica não se deixaria capturar nas malhas de qualquer outra concepção de discurso, sujeito e análise? Não se poderia pensá-la, senão dentro dos limites de seu próprio conjunto de enunciados? Com certeza, é esta a intensificação da complexidade a que nos referíamos. Mas, com certeza também, é por onde se pode insistir na produção de diferenças. Ou seja, identificado o ponto de deslizamento (literalmente, aquele em que a massa pode desandar), podemos seguir em outras direções e construir outras formas de operar a clínica.

A CLÍNICA PSICANALÍTICA NA SOMBRA DO DISCURSO

É assim que, ao nosso pensamento, vão se impor a *reconsideração* e o estudo, no plano conceitual, *de alguns termos*, que nos são tão importantes, *para que possa dar conta das vertentes desta leitura institucional da clínica psicanalítica.* Esse é um dos planos da discussão aqui proposta. Em parte, é ele que terá maior desenvolvimento neste livro. Há outros porém, dentre os quais se destaca a importância de, concretamente, a cada situação de atendimento clínico, operar com os novos informantes de escuta: os de dentro, o quanto possível repensados, e os de fora, no caso, aqueles de que temos tratado como a Análise de Discurso de Dominique Maingueneau.

É o próprio Dominique quem, com suas palavras, autoriza as aproximações desse segundo tipo. Como se lerá, ao final da aula transcrita para o capítulo seguinte, ele afirma que a AD pode contribuir para com os psicólogos, no plano da *epistemologia* (com um conceito de discurso que elimine as dicotomias texto/contexto), da *pesquisa* (nos parâmetros de uma psicologia institucional que considere o quadro de relações na constituição da subjetividade) e da *escuta clínica* (que se enriqueça pela consideração dos índices de heterogeneidade do discurso). É importante ressaltar o fato de as contribuições propostas *não* se colocarem no plano de *exportação de procedimentos.* Muito diferente, trata-se de *instrumentar e articular conceitos que são fundamentais para uma e outra área.* Também não se trata de descaracterizar a AD, concebendo-a como um feixe de sugestões de como proceder na clínica. Muito diferente e mais que isto, repito, *trata-se de transitar rigorosamente na interface de uma AD e uma psicanálise.* No que diz respeito a esta última, a responsabilidade é toda nossa, quer nas tentativas de retomar conceitos e idéias da psicanálise para colocá-las sob um foco diferente do que lhes é tradicionalmente dado, quer nas tentativas de proceder a ajustes sob essa outra luz. No que diz respeito à primeira, cabe-nos um rastreamento conceitual rigoroso, de preferência, a partir de alguém que é considerado um analista de discurso de destaque nas produções da lingüística, nos dias de hoje. Claro que não por acaso, a escolha recai sobre Dominique Maingueneau. Afinal, seu pensamento se insere nas águas da pragmática e de um pensador como Foucault, pontualmente, no que temos de mais imediatamente em comum: o fato de trabalhar com o discurso.

O que acabo de escrever remete-nos ao subtítulo deste livro, *Dialogando com aulas de Dominique Maingueneau.* Na verdade, um livro que não se produz inteiramente num gênero discursivo apenas e que traz três aulas de alguém e ensaios de outro alguém; um falando sobre seu assunto com exemplos de uma área que não é a sua (Dominique exemplificando com situações concretas sobre terapias) e o outro escrevendo sobre seu assunto com conceitos que transitam para uma área que também não é a sua; um livro assim posto é certamente estranho. Melhor seria dizer que os diálogos são imaginários, uma vez que a cena do *diálogo* é, então, literalmente uma construção do e no pensamento. De quem escreve e de quem lê. Mas está aí o interessante da coisa: se formos bem-sucedidos, estaremos novamente *produzindo nas fronteiras* e forçando a viabilidade de outras formas de produzir. E olha que a isso já me acostumei...!

Sobre a durabilidade das idéias assim esboçadas, sobre seu grau de incisão, vai depender, entre outras condições, de sua clareza e do grau de provocação que se consiga gerar, para que possam acontecer em diversas situações concretas.

Sobre sua eficácia, portanto, o futuro dirá. Por agora, resta-nos escrever um livro convincente, argumentativo, o que em si não é fácil. Temos, inclusive, que começar permitindo ao leitor construir a cena do diálogo Marlene Guirado — Dominique Maingueneau, uma psicanálise e uma análise de discurso e, mais que isto, inserir-se ele mesmo como um lugar nessa enunciação, melhor dizendo, com um assento nessa conversa.

Tudo parece tão difícil de explicar... Melhor será deixar para outra hora. Melhor, ainda, será deixar para que o leitor faça sua parte.

Dando então continuidade a essa interlocução positivamente atípica, acompanhemos atentamente mais uma aula de Dominique. Apesar de já ter eu me antecipado em alguns recortes que podem orientar a leitura de sua transcrição, a aula segue na íntegra, aceitando, por questões de gênero, outros recortes e outras discussões.

# AULA

## Sobre os Gêneros Discursivos

Na última vez consideramos vários procedimentos lingüísticos de enunciação. Hoje, o curso dirá respeito a tópicos sociolingüísticos e discursivos. Vamos falar dos gêneros de discurso e, também, do conceito de comunidade discursiva.

## O Gênero Discursivo e suas implicações como analisador

A noção de gênero discursivo é central na Análise do Discurso: *cada enunciado se apresenta por meio de um certo quadro que permite apreendê-lo* e, sobretudo, daí deriva-se um comportamento adequado. Para interpretar um enunciado a primeira coisa a fazer é identificar o gênero de discurso ao qual pertence. Sem essa identificação, o texto fica "suspenso". É uma idéia que parece banal, mas até as vertentes pragmáticas, as conseqüências desses pressupostos, não foram enfrentadas.

É preciso não confundir os gêneros de discurso que estão na cabeça da gente, na cabeça das pessoas, e os que definem os analistas do discurso ao menos. Os analistas do discurso estão sempre construindo classificações, tipologias bem complicadas. Mas as pessoas também têm uma certa categorização dos gêneros de discurso. Para comportar-se, elas já têm de conhecer o que são um sermão, um jornal, uma entrevista. E, quando um analista de discurso estuda um *corpus*, qualquer tipo de *corpus*, tem de levar em conta o que está na cabeça das pessoas, porque é por meio dessa representação que elas se comportam, e não por meio somente da categorização científica. Muitas vezes, há um problema de ajustamento, de adaptação, de uma categorização à outra. Vou falar sobretudo do gênero, considerado como conceito, mas, de toda forma, o que eu vou dizer hoje vale para as tipologias científicas e também para as selvagens, dos membros da sociedade.

A questão do gênero de discurso pode ser pensada por meio da teoria dos Atos de Fala: da mesma maneira que se considera que cada enunciado corresponde a um ato de fala elementar, pode-se considerar o gênero de discurso como uma espécie de *macro ato de fala*. Pois há condições para que um enunciado tenha êxito, tenha sucesso; se falar é uma atividade social, há condições sociais para que essa atividade seja válida e eficiente. Quando se está fazendo um ato de fala elementar como "prometer", entre as condições para que o enunciado tenha êxito, estão, por exemplo, que você tem de ser sincero; você tem de prometer uma coisa que seja de proveito para a pessoa a quem você promete; você tem de postular que a realização dessa promessa não é evidente, etc.

Quando passamos ao nível dos gêneros de discurso, é a mesma lógica que está em curso. Por exemplo, para fazer uma palestra é preciso ter um público, um orador; é preciso que o orador tenha um saber que os outros não conhecem; e assim por diante. Há muitas condições que se devem reunir para que se possa falar em *palestra*. A diferença entre uma palestra e uma conversação no corredor é uma diferença que está muito além dos aspectos estritamente lingüísticos.

Assim, você pode estabelecer a rede das condições que correspondem a cada gênero de discurso. Tal concepção de gênero de discurso como dispositivo de comunicação implica em várias considerações.

Uma pessoa sozinha não pode definir as condições do gênero de discurso. O gênero de discurso é uma instituição; para que se possa entrar no jogo é preciso que exista já um quadro preestabelecido. Além disso, a comunicação não é somente um problema de transmissão de idéias, mas tem de ser coordenada com o desenvolvimento de áreas de comunicações sociais específicas. Assim, o discurso político não pode ter o mesmo sentido quando se fala da política no campo e na cidade, porque os lugares de comunicação verbal, os suportes, não são os mesmos. As condições para que o discurso seja político não estão somente no conteúdo; não é o conteúdo que faz

A CLÍNICA PSICANALÍTICA NA SOMBRA DO DISCURSO

com que um discurso seja político, mas a existência de certas áreas de comunicação reconhecidas como políticas. Na história, as áreas de comunicação e os gêneros de discurso estão sempre mudando; no mundo moderno, pelas tecnologias, no prazo de 30, 40 anos, podem-se ver aparecer novos tipos de discurso. Por exemplo, quando apareceu a televisão, inventaram-se muitos novos gêneros de discurso. Quando Freud inventou a psicanálise não inventou somente as teorias da psique, mas inventou um dispositivo terapêutico, um certo gênero de discurso, a sessão analítica, que é uma certa maneira de colocar os falantes em relação: um terapeuta e um paciente.

## Gênero de Discurso como "quadro"

Quando falava há alguns dias de *instituição discursiva*, isso se poderia entender em duas direções. Significa que o discurso é uma instituição, no sentido tradicional. Significa, também, que o discurso *institui*, instaura, as condições de sua própria possibilidade. O gênero de discurso é preestabelecido, mas também o quadro preestabelecido tem de ser relegitimado a cada enunciação. Os quadros genéricos são acordos tácitos; não existem como coisas. E são sempre suscetíveis de transformação.

Outro aspecto da noção de gênero de discurso é a inseparabilidade conteúdo/gênero de discurso. É uma coisa difícil de entender, mas o sentido não é somente o que está na mensagem: ele é sempre a relação com o quadro. Por exemplo, *Madame Bovary* é a história de uma mulher e um romance. Se *Madame Bovary* fosse uma tragédia, ou uma comédia, o sentido de *Madame Bovary* não seria o mesmo; e quando lemos *Madame Bovary* não lemos a história de Madame Bovary, lemos um romance, que fala de uma certa Madame Bovary quem adora os romances. E se *Madame Bovary* passar ao cinema veremos *Madame Bovary* como filme, e não mais como romance. E o fato de ser filme será decisivo para o sentido dessa obra.

O "quadro" está dentro da mensagem, do "conteúdo". E isso é verdade para a mídia e para o quadro genérico mesmo. Quando você está falando com um entrevistado sempre o entrevistado fala por intermédio do quadro "entrevista". Ele não fala como um anjo, num mundo vazio, para dizer o que pensa a respeito de tal tema. Está falando por intermédio do quadro da entrevista. E o que se está estudando não é a "alma" do entrevistado, mas é uma entrevista. Evidentemente, atrás dessa entrevista vem um sujeito, mas um sujeito que fala, e que fala por certos códigos. É impossível captar o sujeito vivo em si mesmo.

# As metáforas que permitem caracterizar o Gênero de Discurso

A noção de gênero de discurso é uma noção difícil. Sempre que queremos apreendê-la, temos de passar por metáforas. E existem várias famílias de metáforas sobre gênero de discurso. Cada uma delas tem vantagens e inconvenientes: é útil mas é também limitada. Por exemplo, muitas vezes se compara o gênero de discurso aos jogos interativos (tênis, futebol...). Por quê? Porque como esses jogos interativos, o gênero de discurso é um gênero de interação que tem regras constitutivas. O tênis é definido pelas regras do tênis, da mesma maneira que a palestra, ou a conversação, é definida pelas regras da conversação ou da palestra. E cada vez que se está jogando tênis, pressupõe-se que o outro aceita as regras do tênis: você manda uma bola à outra pessoa e não pode pensar que ele vai tomar a bola e comê-la. Você pressupõe que não fará isso, porque você pressupõe que ela aceita as regras do jogo. Quando você diz a uma pessoa: "Tudo bem?", ela responde: "Tudo bem", normalmente, ou pode dizer: "Hoje o céu está vazio". Nesse caso, vendo que ele não joga como era previsto, você pensará: "Bom, talvez seja louco!"...

Essa comparação com o jogo é muito boa, mas tem um inconveniente. É que não tem, na vida social, essa distância entre o sujeito e o discurso como entre o jogador e o jogo. O esporte é um mundo paralelo ao mundo; é um mundo artificial: na vida não lúdica não existem competições entre sujeitos idênticos respeitando as mesmas regras explícitas.

A segunda metáfora para os gêneros de discurso é a teatral. Sempre se fala dos papéis: papéis de orador e de público; papéis de aluno e de professor. É uma boa metáfora, no sentido de que entrar em um gênero de discurso é como entrar em um papel; você desempenha um papel de orador de uma palestra como você desempenha o papel de "Romeu" ou de "Julieta". A diferença entre gêneros do discurso e teatro é que, no primeiro caso, você está improvisando por meio de normas que não são nem totalmente estáveis nem totalmente explicitáveis. Cada conversação é única, mas todas põem em obra as mesmas rotinas. Como na *commedia dell'arte* italiana, comédias inteiras são improvisadas, mas sempre com os mesmos esquemas.

O inconveniente da metáfora teatral é, como no caso do tênis, a ilusão de que haveria uma independência entre o sujeito e o papel. É verdade que quando o ator deixa o papel no camarim, em princípio, volta a ser cidadão normal, mas não sei se podemos dizer que deixamos o papel do orador, o papel do aluno, como se fosse um papel de teatro. Porque isto seria postular que existe atrás dos papéis um sujeito verdadeiro, independente deles. Outros pensam, ao contrário, que não têm sujeito, têm somente papéis. A dificuldade é construir uma posição que se livre dessa alternativa.

A terceira metáfora é a do contrato. A pragmática é afeita às metáforas jurídicas, e isso corresponde a uma evolução da noção de código na lingüística. Na versão estruturalista se falava de código em referência aos códigos semióticos. Eram códigos como códigos do trânsito, por exemplo. Códigos que eram sobretudo um sistema de sinais. Mas, com a pragmática, agora não se separa o código — como sistema de sinais — do código — como sistema de normas.

A dimensão jurídica é fundamental no discurso. De certo modo, falar é sempre mostrar que temos o direito de falar. E, em situações de conflitos, estamos sempre procurando mostrar que o outro está transgredindo uma regra e que você está conforme a regra. Por exemplo, quando a gente está discutindo agressivamente, tem sempre um que diz: "Eu sou cortês! Você tem de sê-lo! Não gosto que fale assim!". Está sempre se referindo a uma norma de o que seria, digamos, "a boa fala". E, quando se estudam, no detalhe, os procedimentos, os elementos lingüísticos que contribuem para o desenvolvimento da fala, vemos que a dimensão jurídica é básica. Estamos sempre procurando estar do lado do direito, de uma espécie de deontologia lingüística.

A violência potencial que há no discurso (já o fato de obrigar uma pessoa a escutar o que você está dizendo é violência) é eufemizada pelo gênero de discurso. Ele tem a função de oferecer contratos que dizem a cada um quais são os deveres e quais os seus direitos. Se você vai procurar um psicólogo, ou um médico, ele tem direito de perguntar coisas íntimas, como por exemplo quando você teve, pela última vez, relações sexuais. Você imagina essa pergunta na rua? E por que aceitamos isso? Aceitamos porque tem um contrato de fala que nos diz que o papel médico lhe dá o direito de perguntar isso. O papel do paciente, por sua vez, é o dever de responder.

Por que a pessoa que vai ao teatro fica totalmente passiva, inclusive se um ator o insulta? Muitas vezes os cômicos gostam de insultar o público, e isto é um procedimento clássico: a gente ri e não diz nada porque entre os direitos do humorista há aquele de insultar o público. Se não existissem esses contratos de fala que indicam a cada um o que se pode fazer, e o que não se pode fazer, a interação discursiva seria impossível.

O quarto tipo de metáfora é a do ritual. Nesse tipo de metáfora, insiste-se, sobretudo, no que diz respeito à dimensão da rotina do gênero de discurso. Quando se está numa interação, um gênero qualquer, o parceiro pode prever o desenvolvimento potencial do que vai acontecer. Por exemplo, se digo: "Tudo bem?" o outro responderá: "Tudo bem", e depois vou dizer algumas orações, o outro, outras orações, e depois: "Tchau/Tchau!". Pode-se prever que isso durará um minuto ou dois.

A dimensão de ritual é evidente nos gêneros de discurso como a missa, o sermão. Mas é também válida para todos os tipos de discurso. Tem sempre uma espécie de esquema potencial, previsível, do que vai acontecer. E é graças a esse esquema, essa previsão, que temos a faculdade de entrar em interação. Se uma pessoa que não pudesse controlar mentalmente o desenvolvimento de uma interação, seria uma violência intolerável! E muitas vezes quando falamos com uma pessoa com uma patologia psíquica, o problema, não para os psicólogos, mas para pessoas comuns como eu, é que nos sentimos muito mal: não controlamos nada, não vemos em que ritual estamos implicados.

Cada uma dessas metáforas (a do jogo, do teatro, do contrato, do ritual) insiste sobre um aspecto do gênero de discurso. O gênero de discurso é ao mesmo tempo um ritual, um jogo, um contrato e uma forma de teatro. E, apesar de todas essas metáforas serem inadequadas, sem elas é muito difícil pensar o gênero de discurso, uma vez que há várias dimensões e que não se pode captá-las ao mesmo tempo.

# Os níveis de análise do Gênero de Discurso

Agora vou tratar dos níveis de análise do gênero de discurso. É preciso distinguir ao menos três níveis dentro do que se chama gênero de discurso.

*O primeiro nível seria o nível tipológico*[10]. Quando se está vendo na TV, por exemplo, um candidato que está procurando ser eleito, a primeira coisa a fazer é identificar isso como política. Cada tipo de discurso implica uma certa definição dos dois parceiros: no caso do discurso político, o ouvinte é interpelado como cidadão. Da mesma maneira, quando você está lendo um texto religioso cristão, o enunciador tem de falar "em nome de Deus", e o sujeito que é parceiro do "representante de Deus" é interpelado como sujeito religioso, como "alma", ou "filho de Deus"... Pois bem. Nesse nível já há uma determinação dos parceiros.

*O segundo nível é o da "cena genérica"*. Como exemplo, retomo o caso do discurso de propaganda eleitoral. O enunciador desempenha o papel do candidato, e o outro é eleitor. Uma criança pode olhar a televisão, evidentemente, mas pertence ao público empírico, não à cena genérica da propaganda eleitoral. É a distinção clássica entre o co-enunciador-modelo e o público, que é uma realidade empírica. O gênero de discurso é um objeto "ideal", pois é uma rede de normas. Se uma amiga chega em sua casa e começa a fazer confidências, contando os problemas, você está no papel de confidente! E você tem de coincidir com esse papel; ou seja, tem de escutar, dar conselhos, tem de lamentar-se; há uma série de condições para desempenhar corretamente o papel do confidente.

Na vida cotidiana entramos numa grande variedade de "cenas genéricas". Quando você vai comprar um pão ou um carro, você tem de considerar o outro como vendedor de carros ou vendedor de pão, e não como mulher ou como homem, por exemplo. O problema é que tem sempre uma espécie de conflito entre os papéis implicados pelos gêneros de discurso e os sujeitos "reais". Por exemplo, para vender um carro, se você é uma mulher, o comprador pode comprar fazendo um pouco de sedução. Assim, a dimensão da diferença sexual vai interferir no papel. Um paciente de terapia, também, pode procurar transformar uma relação terapêutica numa relação de amizade; muitas vezes suponho que se faça isso para romper a desigualdade, a assimetria da relação. Isso, porém, não implica que os gêneros de discurso sejam ilusões; indica apenas que são quadros.

Agora chegamos ao *terceiro nível do gênero*. É um nível que agora chamo *cenografia* e que em *Novas Tendências*... chamava de cena discursiva. Trata-se da relação, do tipo de relação que cada discurso estabelece.

---

10. O da *cena englobante*, conforme entrevista concedida ao Instituto de Psicologia da USP, em 17/5/99

Cada discurso, independentemente do gênero, procura definir uma certa imagem da relação. Retomo o exemplo político do candidato que aparece na televisão no meio do campo, com vacas, com bonés, etc. O que vemos nessa propaganda não é somente um candidato, o homem político; o que vemos também é um homem do campo. Está-se procurando instituir uma relação entre homem do campo e homem do campo. O ouvinte, o público, está constituído como homem do campo, também. E o lugar é o campo; e o tempo é um dia de verão, de outono, no interior de São Paulo. Essa cenografia, essa construção por intermédio do discurso, é fundamental, porque cada vez que entramos num gênero de discurso, na realidade, estamos, também, construindo a relação na qual estamos implicados.

O discurso não é somente a realização passiva de um quadro; é uma construção/reconstrução desse quadro. Por exemplo, há professores que constroem relações do tipo "eu, homem do saber, falando a gente ignorante"; há outros que falam "amigo"; outro, "pai/filho"; tem muitas maneiras de cenografia na relação aula. É sempre o mesmo gênero de discurso, a mesma cena genérica, mas a cenografia não é diferente.

Como eu estava explicando outro dia, a propósito do *ethos*, o fenômeno da cenografia é um fenômeno de enlaçamento paradoxal; o discurso se desenvolve justificando o quadro da cenografia que percebemos desde o início. No caso do telespectador que olha o candidato entre as vacas, o trabalho desse homem político é construir um enunciado que legitime pouco a sua cenografia. Por sua vez, o professor que desempenha o papel do amigo, companheiro simpático com os alunos, não pode por meio de tal quadro ter o discurso do cientista impessoal: os conteúdos vão validar esse quadro, e o quadro vai validar também os conteúdos. É um fenômeno circular. Quando você fala, você está sempre procurando impor ou, ao menos, negociar o quadro no qual a interação se estabelece.

Mas muitas vezes não tem cenografias: os parceiros ficam dentro da rotina da cena genérica; depende dos gêneros de discurso: a lista telefônica mobiliza somente a cena genérica, mas uma publicidade deve escolher uma cenografia que corresponda à imagem da empresa.

A cenografia tem uma relação complexa com os dois outros níveis. Quando um professor está construindo uma cenografia qualquer, reapropria-se da cena genérica e da cena englobante. Assim, o candidato que se mostra entre as vacas, no interior de São Paulo, diz

A CLÍNICA PSICANALÍTICA NA SOMBRA DO DISCURSO                                    99

duas coisas: diz o que está dizendo, mas também diz, implicitamente, "a verdadeira política é essa". E quando um professor está desempenhando o papel de amigo com os alunos, está dizendo, implicitamente, "a relação pedagógica é essa, isso é pedagogia!" É uma contestação indireta do discurso autoritário, por exemplo. Uma cenografia é uma tentativa de legitimar a cena englobante. Dá mais autoridade ao enunciador, porque quando se está falando de política por intermédio do quadro, se está dizendo que esse quadro é o quadro político que dá autoridade aos que falam dessa maneira. Há um fenômeno de relegitimação constante do quadro.

Tais quadros não são coisas concretas e independentes; existem se tem pessoas para mantê-los na vida. Cada vez que um terapeuta faz uma terapia lacaniana, ele está relegitimando a terapia lacaniana; cada vez que faz uma terapia kleiniana é o mesmo. O dia que não tiver ninguém para restabelecê-la, a cena lacaniana desaparece! Cada indivíduo tem a ilusão de que o quadro genérico é independente dele; mas, na verdade, é ele que está relegitimando o quadro.

De uma maneira mais geral, o discurso é sempre pôr em relação dois lugares. O problema dos parceiros não é somente transmitir idéias, mas é fazer reconhecer o lugar a partir do qual está falando. E fazer o outro reconhecer o lugar a partir do qual está recebendo o discurso. Mas, muitas vezes, há um conflito. Uma vez que cada um dos parceiros pretenda ser reconhecido num outro lugar. Por exemplo, se o paciente procura definir, situar o terapeuta no lugar de um amigo, e o terapeuta procura manter o paciente no lugar do paciente, há conflito de reconhecimento. Isso é fundamental! Porque é unicamente a partir dos lugares que as palavras podem tomar um sentido. Se você reconhece o lugar de onde vem uma palavra, você já aceita essa palavra. Há um exemplo famoso na história da França. A Revolução Francesa começou quando as três "ordens" da sociedade tinham de reunir-se; a aristocracia, o clero e os outros eram separados e não tinham direito de reunir-se. Mas contra a regra reuniram-se. Estavam instituindo um modo de gênero de discurso que era o debate na "Assembléia Nacional". O Rei mandou a polícia para dispersá-los. Mirabeau, um político, disse: "Estamos aqui em nome do povo e saímos somente com a força". O Rei aceitou. Isso significava que Mirabeau introduziu uma revolução de lugares, porque inventou um novo lugar de palavra que era o lugar: "falar em nome do povo". Falar a partir do lugar do povo era criar um novo lugar de enunciação. Como o Rei não reagiu, o lugar foi instaurado. O silêncio do Rei era um reconhecimento tácito do novo lugar. E efetivamente, depois, reuniram-se, como Assembléia Nacional, sem resistência. Aqui, um acontecimento histórico é a invenção de novos lugares de reconhecimento da palavra.

## As Comunidades Discursivas

Agora vou falar da *comunidade discursiva*. A noção de comunidade discursiva é uma noção que trabalha no mesmo âmbito, mas em outra direção.

O ponto comum é uma subversão da oposição clássica entre idéias e ação, ou representar e fazer. Como já mostrei, no gênero de discurso não se pode separar as idéias e o dispositivo comunicativo, o que subverte a oposição texto/contexto: o texto participa da construção do contexto.

Essa noção de comunidade discursiva foi introduzida por meio do meu trabalho sobre o discurso religioso, no doutorado. Comecei com uma abordagem clássica de semiótica, mas pouco a pouco descobri que era impossível separar os conteúdos religiosos e as pessoas associadas a esse posicionamento ideológico, porque a mesma lógica semântica regia esses conteúdos religiosos e os grupos que produziam e que geriam esses discursos. O mesmo modelo semântico permitia analisar as idéias sobre Deus, os homens, a natureza, etc., e a maneira com a qual se relacionavam os homens que produziam esses discursos. Logo, um discurso não era somente doutrina, idéias, mas também um modo de organizar os homens. Ainda, havia uma reversibilidade entre organizar o mundo por meio de conceitos, categorias, e organizar os homens que falam essas categorias por meio de certas instituições. Entre os discursos religiosos há mais oposições que idéias; há modos diversos, opostos, de organizar as instituições eclesiásticas mesmas.

A idéia básica é essa: organizar uma visão do mundo é sempre, ao mesmo tempo, organizar uma certa maneira de os homens que produzem esse discurso se relacionarem. Isso implica em que não se manipulem modelos lineares de infra-estrutura e superestrutura. Há quem diga: "As idéias são somente a projeção das relações sociais". Há também os que dizem: "Não! As idéias vêm primeiro, e os homens se organizam a partir das idéias". Essa distinção, no entanto, me parece totalmente vazia, porque há uma espécie de co-constru-

A CLÍNICA PSICANALÍTICA NA SOMBRA DO DISCURSO

ção da idéias, dos conteúdos e das organizações dos homens. É também a idéia de Foucault no *A arqueologia do saber*: mostra bem que o discurso médico é a mesma coisa que a construção de lugares produção de certos enunciados. A criação de uma instituição médica e o discurso médico, como idéias sobre o corpo humano, não podem ser separados. Não são a mesma coisa evidentemente, mas participam do mesmo processo organizador que implica ao mesmo tempo os homens e os conteúdos. A noção de comunidade discursiva procura ligar os dois aspectos: comunidade social discursiva e discurso. O discurso é um modo de organizar os homens, e a comunidade é a condição do discurso.

Esse tipo de problemática vai em várias direções, mas trata-se mais de um programa de pesquisa, não de uma teoria fechada.

Nessa perspectiva, a primeira problemática associada com a noção de comunidade discursiva é um deslocamento da maneira de conceber as idéias. Estamos sempre lendo livros nos quais nos falam das idéias de *tal* pessoa, *tal* escola; mas é preciso entender que essas idéias são inseparáveis de modos de viver. *Disciplina* é uma palavra cuja ambigüidade é interessante, um domínio de saber e, também, uma regra de vida. Que seria a filosofia grega se não existisse uma certa maneira de os filósofos organizarem-se socialmente? Que significaria a ciência se não existisse um modo de viver dos cientistas? um modo de escrever? um modo de falar um com o outro? Que seria da medicina sem a deontologia entre os médicos? Isso não significa que as idéias se reduzem a esse grupo, mas que se organizam pelas categorias que estão operando dentro desses grupos.

Num livro, *O contexto da obra literária*, procurei mostrar que não se podiam separar os conteúdos das obras literárias da definição da instituição literária que estava implícita por meio do modo de viver dos escritores. Quando você lê um romance você não precisa conhecer Flaubert, mas se você procurar entender como surgem as obras, você tem de entender que surgem por meio das estruturas do sentido implicadas pelas atividades e as organizações dos homens num certo lugar.

Uma segunda pista é o que Marlene estava falando, uns dias atrás, a propósito da relação entre sujeito, grupo e classe social. A comunidade discursiva faz surgir o "intermediário". Na concepção clássica há sempre a idéia de que há grupos de intermediários neutros e transparentes cuja função seria transmitir discursos a públicos. Por exemplo, *entre* a ciência e o público há a vulgarização; *entre* as doutrinas políticas e o cidadão há partidos, etc. Mas a teoria da comunidade discursiva é um modo muito mais complexo de entender as coisas, porque o "intermediário" — entre aspas — não é somente uma instância que está *entre* dois pólos que estariam em contato. É muito mais que isso! Entre, por exemplo, os homens religiosos e as idéias teológicas, o grupo que produz as doutrinas religiosas produz discursos que são totalmente intrincados com o modo de vida desses grupos e o modo como eles se instituem. Se você quiser entender o que está acontecendo nas mídias, na televisão; ou se quiser entender por que a televisão está falando disso? por que a televisão tem tal mensagem e não tal mensagem?, a tendência espontânea dos sociólogos é afirmar que, assim, ela representa os interesses dos ricos ou dos pobres. Mas sempre consideram a televisão, a mídia, como forças que estão fora. Há algo, no entanto, que sempre esquecemos: são os jornalistas eles mesmos, ou melhor, a organização institucional da televisão, as relações de poder dentro desse campo. Para uma pessoa que manipula idéias, ou mensagens, o mundo no qual vive é um mundo institucional. O jornalista está inserido no sistema jornalístico. E não se podem estudar os enunciados da televisão sem levar em conta a organização mesma da televisão.

Escrevi um livro sobre o discurso escolar. Na França, a escola pública é obrigatória (apareceu em 1877), e é considerada, por muitos historiadores, como a representação dos interesses da pequena burguesia; logo, estudam-se os conteúdos dos manuais escolares como propaganda do governo republicano. É verdade que os manuais daquela época difundem uma ideologia republicana bem quadrada. Descobri que para entender esse discurso era necessário entender o funcionamento da escola mesma. As idéias difundidas pela escola eram inseparáveis do funcionamento da escola: da arquitetura dos prédios, da maneira com a qual se recrutavam os professores, das hierarquias centralizadoras do Estado, etc. As idéias veiculadas pelos livros pedagógicos eram associadas a esse funcionamento. Assim, a escola não era somente um intermediário; era parte constitutiva do sistema. E intervinha de uma maneira totalmente massiva dentro dos conteúdos. Isso não significa que o discurso pedagógico não tenha relação com a ideologia republicana. Significa sim, que, para entender o funcionamento do discurso, é preciso analisar o funcionamento da instituição. E é sempre difícil, porque a tendência de cada instituição é fazer crer que não existe. Se você pergunta ao jornalista sobre a importância do jornalista dentro de tal esquema: "Nãããão, somos honestos!" E esse não é, de fato, o problema. Também os políticos acreditam que falam como representantes do bem coletivo. O problema é que as instituições intervêm dentro do discurso que produzem e que gerem. Isso é válido também para os psicólogos.

Há uma terceira problemática intrincada com essas duas. É a da eficácia do discurso. Esse tema não mobilizou muito os estruturalistas. Analisavam as estruturas, mas não se preocupavam com esse pequeno problema: "mas como é que as pessoas acreditam nisso?". É verdade que quando se vê, por exemplo, uma comunidade que morre por suas idéias — e não é uma coisa pequena morrer por idéias! — isso significa que, entre o funcionamento dessa comunidade e as idéias, há um vínculo muito mais profundo do que se crê. Agora vemos muitos exemplos de pessoas de seitas, que se matam: é a manifestação patológica de um fenômeno que não é patológico. Esse intrincamento entre uma organização categorial, ideal, do mundo e uma organização dos homens. O problema das seitas é que apresentam transferências loucas; mas a loucura, nesse caso, revela alguma coisa das instituições consideradas "normais". Quando, por exemplo, as crianças da escola pública republicana acreditavam no que estavam lendo nos livros, o que permitia a eficácia desse discurso era que a ideologia veiculada por ele era encarnada dentro das práticas da criança dentro da escola. A arquitetura do edifício, os horários, o modo de ensinar do professor, os livros..., tudo isso era uma espécie de encarnação das categorias que se liam no livro. Uma das chaves da persuasão era que *as idéias eram encarnadas* dentro das práticas institucionais. A escola falava de um mundo no qual tinha *essas* escolas republicanas...

## A Análise do Discurso e os psicólogos

Para avançar um pouco a discussão, vou indicar três pistas, três direções nas quais a Análise do Discurso pode ser útil aos psicólogos.

A primeira pista é epistemológica. Seria apresentar aos psicólogos alguns conceitos, alguns quadros teóricos que lhes permitissem ter uma concepção apropriada da linguagem. Em geral, cada disciplina ignora as outras, e, por exemplo, os lingüistas têm muitas vezes uma visão ultrapassada de o que é a psicologia. O mesmo com a psicologia em relação à lingüística. O que procurei fazer durante esse curto curso foi, sobretudo, modificar os preconceitos que se tem sobre o discurso. É necessário ter um quadro conceitual básico: o lingüista não pode ignorar tudo sobre a sociedade, ou a psique. Bem como um psicólogo cognitivista não pode ignorar tudo da sintaxe e da semântica lingüística; um psicólogo clínico que todo dia está escutando as pessoas deve ter algumas idéias sobre o discurso.

A segunda pista é clínica. Quando se faz clínica, em psicologia, estamos sempre interpretando fenômenos lingüísticos: um intervalo, uma metáfora, um sujeito que se repete, o uso dos tempos, uma entonação, ironia. Desse ponto de vista a análise do discurso e a lingüística podem enriquecer, dar uma base um pouco mais firme à análise. Se você tem uma concepção mais rica de o que é um provérbio, e/ou a polifonia, você vai interpretar os fenômenos de uma maneira muito mais rica. Também você poderá interpretar fenômenos que você não teria percebido de outra maneira! Por exemplo o discurso indireto livre é uma coisa desconhecida por muita gente, mas é uma estrutura muito interessante para um psicólogo; a teoria polifônica da ironia também é interessante, porque postula uma divisão interna do sujeito, análise mais rica que a concepção da ironia como antífrase. Assim, há dois papéis, posso dizer, para a análise do discurso, para a lingüística, na análise clínica. O primeiro seria focar a atenção sobre fenômenos que não estamos habituados a considerar, enriquecer o material, se se quiser. E o segundo seria ter conceitos mais precisos para formular coisas já conhecidas.

A terceira pista é a da relação entre discurso e instituição. Quando fazemos entrevista ou estudamos os discursos dos agentes de uma certa instituição (aqui falo dentro do quadro da psicologia institucional), é necessário um conhecimento mínimo sobre o que é um gênero de discurso, os papéis, a relação entre discurso e instituição, e assim por diante. Como já disse, é por intermédio do discurso, pensado como rede de instituições discursivas, que essa instituição se valida e se reproduz.

Se volto ao problema da entrevista, que parece um tema-chave aqui, considerá-la como gênero de discurso dá uma concepção diferente do trabalho do pesquisador. Se a entrevista é um gênero de discurso que tem regras próprias, não tem um acesso direto ao que é a instituição. Aqui é preciso ter a mesma atitude que a do psicanalista com as transferências: sabe que há transferências e integra esse saber em sua prática. Da mesma maneira, se você sabe que a entrevista é uma entrevista, e não é um acesso com respeito à "verdade", você tem de praticar entrevistas sabendo que é uma entrevista. E, sabendo isso, terá mais proveito que agindo como um cego. Quando acreditamos que falamos ao sujeito social, na verdade falamos ao entrevistado!

São as três pistas que vejo imediatamente para a relação entre a análise do discurso e a psicologia. Mas, claro, existem outras.

# E a Clínica?

# Na Transferência, a Reconstituição da cena psicanalítica

A clínica será discutida, agora, de modo diferente de como foi discutida a cada terceiro capítulo das Partes I e II. Faremos um exame mais detalhado de um conceito que ronda as afirmações que fizemos sobre as possibilidades de articulação entre Psicanálise e Análise do Discurso, do ponto de vista da clínica psicanalítica: o conceito de transferência. Qualquer retomada dos capítulos anteriores, no entanto, mostrará o quanto a teoria já foi iluminada por uma situação clínica, concretamente à sombra do discurso.

A bem da verdade o que até aqui se construiu neste caminho de uma análise de discurso na clínica destina-se a demonstrar que a transferência é o conceito que, em regra, permite dizer que se faz psicanálise com, por e em tudo isso...

O texto sobre que poremos nossas lentes é o de Freud. Isto por um bom motivo: estão nele as origens do tema.

A perspectiva do trabalho permanece a mesma: a identificação das fronteiras nas quais se pode dizer que se faz psicanálise, quando um certo conceito de instituição e de discurso estão em jogo, como estratégia de pensamento.

A última aula do professor Dominique amplia a compreensão pragmática do discurso, por meio da noção de gêneros discursivos e, como dissemos *para começar* esta Parte III, com ela nos aproximamos da noção de instituição com que trabalhamos.

O leitor pode apostar, porque a mágica vai dar certo!

# Vizinhanças desse conceito em Freud

O pensamento de Freud, tão farto e escrito em cuidadoso tom argumentativo, torna-se por vezes imbatível.

Desenvolve-se em níveis ou ângulos diversos, como *pontos de vista* — o energético, o econômico, o dinâmico, o topológico — num trançado que o próprio leitor deve identificar para poder distinguir motivos e decorrências de suas afirmações, coerências e incoerências, extensões devidas e indevidas, hipóteses e demonstrações, demonstrações (ora mais, ora menos) apoiadas no orgânico ou no psíquico, e assim por diante.

Há quem aponte para um reducionismo psicológico em seus trabalhos sobre questões sociais; há quem aponte para um raciocínio tautológico nas relações entre princípios, procedimentos e conclusões, na interpretação dos sonhos; há quem aponte para um viés machista, na base da teoria do édipo e em suas afirmações sobre a sexualidade feminina; há, enfim, quem aponte para vários outros possíveis equívocos.

O fato é, no entanto, que nada disto, ainda que possivelmente ativo em seu texto, retira dele o vigor teórico e a contundência intelectual das idéias de Freud.

Sentimo-nos, algumas vezes, impotentes para dar conta da profusão dos escritos; outras, desconfiados de que não estamos conseguindo captar as relações mais importantes que o autor está apresentando ou o sentido exato do que está dizendo. Pilhamo-nos, em certos momentos, com um quê de irritação por percebê-lo vinculado ao pensamento de uma época (como se fosse possível não haver vinculação!). Pilhamo-nos, também, com uma admiração comprometedora da razão, pela genialidade de suas invenções. Mas, de um jeito ou de outro, ora mais ora menos generosos com quem foi tão generoso em sua obra, não conseguimos ficar indiferentes ao ler e estudar Freud. Sequer, conseguimos negar que é rigorosamente sério em seu pensar. Especialistas ou não, reconhecemos nele um grande pensador.

São essas as cercanias do surgimento do conceito de transferência. Ele é atravessado por todo o contexto, digamos, interno ao modo de produção do conhecimento freudiano. É constituído nesse e por esse jeito de pensar e escrever. E é inevitável que tenhamos isto em mente ao proceder ao que nos dispusemos um pouco antes: um exame do conceito.

# Um conceito iminentemente clínico

Nascido dos embates do atendimento de Freud, sobretudo às histéricas, o uso do termo transferência não levou mais que uma década para sair das intuições manifestas em cartas ao amigo Fliess para ocupar o lugar de um dos mais significativos definidores do cenário analítico. Em *Fragmentos de análise de um caso de histeria — O caso Dora* (1905), Freud, por longos parágrafos, discorre sobre os efeitos, no processo analítico daquela paciente, do fato de ele não haver percebido e, portanto, não haver assinalado à paciente as transferências dos sentimentos pelo Senhor K e pelo pai, para ele (Freud). Parece, inclusive, penitenciar-se por haver negligenciado exatamente aqueles afetos que traçaram o triunfo das resistências de Dora ao tratamento, determinando o seu abandono.

*Vi-me obrigado a falar em transferência, pois somente por meio deste fator posso elucidar as peculiaridades da análise de Dora. Seu maior mérito, ou seja, a clareza inusitada que a faz parecer tão adequada como uma publicação introdutória, está intimamente ligado a seu grande defeito, que levou à sua prematura interrupção. Não me foi possível dominar a transferência a tempo. Devido à rapidez com que Dora colocou à minha disposição uma parte do material patogênico durante o tratamento, descuidei-me da precaução de procurar os primeiros sinais de transferência, que estava sendo preparada em relação à outra parte do material — parte esta que eu ignorava inteiramente. A princípio era evidente que eu substituía o pai em sua imaginação, o que era muito provável, em vista da diferença de idade entre nós. Ela me comparava constantemente a ele, de modo consciente, e estava sempre tentando ansiosamente assegurar-se de minha sinceridade para com ela, já que seu pai 'sempre guardava segredos e fazia rodeios'. Mas quando surgiu o primeiro sonho, no qual ela mesma se aconselhava a abandonar o tratamento do mesmo modo como abandonara, outrora, a casa de Herr K., eu é que deveria ter-me prevenido contra o aviso. Deveria ter-lhe dito: 'Ora, você fez a transferência de Herr K. para mim. Você notou alguma coisa que a faça suspeitar de más intenções semelhantes às de Herr K. de minha parte (quer abertamente, quer de alguma forma sublimada)? Ou houve algo em mim que a impressionou, ou algo que soube a meu respeito que a encantou, como aconteceu anteriormente com Herr K.?' Sua atenção voltar-se-ia então para algum detalhe de nossas relações, ou de minha pessoa ou situação, sob a qual estava oculta alguma coisa semelhante, porém incomensuravelmente mais importante em relação a Herr K.. E, ao se esclarecer esta transferência, a análise ganharia acesso a novas lembranças, referentes, provavelmente, a acontecimentos atuais. Mas eu não atentei para este primeiro aviso, julgando ter ainda muito tempo, visto que não se haviam desenvolvido novos estágios de transferência e o material para análise ainda não se extinguira. Desse modo. A transferência apanhou-me desprevenido e, devido ao que havia de desconhecido em mim que a fazia lembrar-se de Herr K., ela vingou-se de mim como desejara vingar-se dele, abandonando-me do mesmo modo como se sentira abandonada e enganada por ele. Assim, ela 'atuou' uma parte essencial de suas lembranças e fantasias em vez de reproduzi-las no tratamento. Que parte era essa, naturalmente não sei dizer. Talvez fosse alguma coisa relacionada com dinheiro, ou ao ciúme de outra paciente que se conservara amiga de família após sua cura. Quando é possível inserir transferências na análise em um estágio inicial, o andamento da análise se torna retardado e obscuro, mas sua existência é melhor assegurada contra resistências repentinas e esmagadoras. (pp. 115/116)*

Não foi casual a escolha deste parágrafo para comprovar o que anteriormente se afirmava sobre o berço e a importância que rapidamente este conceito de transferência passa a adquirir para o conjunto das idéias e da proposta psicanalíticas. Nele, deparamo-nos também com o modo de pensar de Freud a respeito do inconsciente, da vida psíquica, da repressão, da resistência, do desejo, da sexualidade, da histeria, das psiconeuroses, da interpretação, do método psicanalítico de tratamento. Um parágrafo que funciona como uma fotografia. Toda a cena psicanalítica, nas palavras de seu criador. Pouco mais poderíamos desejar saber sobre ela, a não ser explicitações 'mais didáticas' das ancoragens teóricas. No entanto, tudo está, literalmente, aí. É só ler com atenção e... uma dose de boa vontade. E não são raras, nos textos de Freud, estas espetaculares ocasiões de ler sua teoria num parágrafo em que comente uma situação concreta. Aproveitemos portanto, para as finalidades que temos no momento, mais esta oportunidade. Vamos ler, neste extrato, o que ele pensa sobre transferência, como a propõe para a psicanálise e para os psicanalistas.

Destaco aqueles que me parecem os organizadores das idéias a respeito da transferência: (a) fator de controvertida, mas decisiva, interferência na análise; (b) caso se anuncie *prematuramente* pode obscurecer o processo, mas é também a ocasião para que se lute com segurança contra as resistências; (c) o analista *deve* estar atentamente voltado para as manifestações transferenciais ou correr o risco de interrupção do processo; (d) o analista precisa (e, portanto, *pode*) *dominar* a transferência do paciente e fazê-lo no *tempo certo*, ou melhor, em *tempo hábil*; (e) mas ele pode (e *não deveria*) descuidar-se de procurar os sinais de transferência, sendo que isto acontece por razões que lhe são também desconhecidas (o que em outro momento Freud denominou de *pontos cegos do analista*); (f) sentimentos é que são transferidos de pessoas significativas numa história mais ou menos atual para o analista; (g) o manejo da situação, o analista o faz, de modo direto, apresentando as possíveis comparações que estão na imaginação/fantasia, em geral inconsciente, do paciente; (h) a suposição é que assim se move a atenção deste para as lembranças que devem estar em jogo; (i) essas lembranças, se não se repetirem na relação com o analista, tendem a ser *atuadas*, ou seja, tendem a dar ganho de causa à resistência.

O mais interessante disso tudo é que, sem o dizer, Freud mostra que são *cenas* que se movimentam na lembrança, que atravessam o tempo e não respeitam as fronteiras das diferenças entre lugares, personagens e momentos. Por ora fiquemos com esta ressalva, que mais tarde a ela voltaremos.

Um pouco antes do parágrafo citado, no mesmo texto, nosso autor comenta que, durante análise,

> (...) os poderes criadores da neurose (...) empenham-se na criação de uma classe especial de estruturas mentais, em sua maior parte inconscientes, às quais podemos chamar de transferências. (p. 113)

E define:

*Que são transferências? São novas edições ou 'fac-símiles' dos impulsos e fantasias que são criados e se tornam conscientes durante o andamento da análise; possuem, entretanto, esta particularidade que é característica de sua espécie: substituem uma figura anterior pela figura do médico. (p. 113)*

Agora, visitemos outros textos de Freud que trazem referências ora mais ora menos conceituais à transferência. Vejamos *A dinâmica da transferência*, de 1912:

*(...) cada indivíduo, por meio da ação combinada de sua disposição inata e das influências sofridas durante os primeiros anos, conseguiu um método específico próprio de conduzir-se na vida erótica — isto é, nas precondições para enamorar-se que estabelece, nos instintos que satisfaz e nos objetivos que determina a si mesmo no decurso daquela. (...) como um clichê estereotípico (ou diversos deles), constantemente repetido — reimpresso — no decorrer da vida da pessoa, na medida em que as circunstâncias externas e a natureza dos objetos amorosos a ela acessíveis permitam, (...). Se a necessidade que alguém tem de amar não é inteiramente satisfeita pela realidade, ele está fadado a aproximar-se de cada nova pessoa que vá ao encontro de idéias libidinais antecipadas (...). (pp. 133/134)*

Mais adiante, no mesmo texto:

*A libido (inteiramente ou em parte) entrou num curso regressivo e reviveu as imagos infantis do indivíduo. (p. 136)*

*(...)*

*Reiteradamente, quando nos aproximamos de um complexo patogênico, a parte desse complexo capaz de transferência é empurrada em primeiro lugar para a consciência e defendida com a maior obstinação. (p. 138)*

# A CLÍNICA PSICANALÍTICA NA SOMBRA DO DISCURSO

*(...)*

*Quanto mais um tratamento analítico demora e mais claramente o paciente se dá conta de que as deformações do material patogênico não podem, por si próprias, oferecer qualquer proteção contra a sua revelação, mais sistematicamente ele faz uso de um tipo de deformação que obviamente lhe concede as maiores vantagens — a deformação mediante a transferência. Essas circunstâncias tendem para uma situação na qual, finalmente, todo conflito tem que combatido na esfera da transferência. (p. 139)*

*(...)*

*Temos (...) de distinguir uma transferência 'positiva' de uma 'negativa', a transferência de sentimentos afetuosos da dos hostis (...). E assim somos levados à descoberta de que todas as relações emocionais de simpatia, amizade, confiança e similares (...) acham-se geneticamente vinculadas à sexualidade e se desenvolveram a partir de desejos puramente sexuais, por meio da suavização de seu objetivo sexual, por mais puros e não sensuais que possam parecer à nossa autopercepção consciente. (p. 140)*

*(...)*

*Nas formas curáveis de psiconeurose, a transferência negativa é encontrada lado a lado com a transferência afetuosa, amiúde dirigidas simultaneamente para a mesma pessoa. (p. 141)*

Os extratos acima dispensam comentários como os que fizemos para o texto sobre Dora. Pelo menos, tendo em vista nossos objetivos no momento. Eles (os extratos) acentuam uma ou outra das idéias que havíamos destacado, na medida em que o autor se dispunha a melhor caracterizar este que acabou sendo, ao lado de *inconsciente, representante psíquico, sexualidade, linguagem e interpretação,* um dos termos fundamentais a definir a própria psicanálise: *transferência.*

Sequer, altera-se a notificação que fizemos a respeito do arranjo dos sentimentos, personagens e falas, numa *cena* que é lembrada como repetição, reimpressão. Chamamos a atenção do leitor, mais uma vez, para esta possibilidade aberta nas palavras de Freud. Ela nos será preciosa, quando procurarmos recolocar a transferência no cenário psicanalítico, em interface com a Análise de Discurso. Por enquanto, vale a *chamada*. Voltemos para as *Obras Completas*, à busca de novos elementos definidores.

Num trançado discreto, transferência e interpretação são trabalhadas conjuntamente, em várias ocasiões, por Freud. Os escritos técnicos de 1912 a 1915[11] são a prova disto. Mais tarde, já na década de 1930, outra leva de escritos[12], aí sobre as construções interpretativas do analista, ou sobre a análise como forma de tratamento e a permanência de seus efeitos, retoma a discussão, muito embora, enfatizando ou diretamente a questão da interpretação ou a eficácia da psicanálise. De qualquer forma, estamos em pleno reinado das propostas e das avaliações de processo, da clínica psicanalítica como atendimento aos problemas psíquicos, às psiconeuroses que inegavelmente constituem o alvo desta psicanálise freudiana, em primeiríssima instância. O autoconhecimento, tão difundido entre nós, é o *como* se podem favorecer saídas para as situações de conflito psicológico. E se assim for, conta (e muito!) tudo o que diz respeito às repetições transferenciais.

É interessante notar como o assunto aparece nas diversas ocasiões que mencionamos. Pode-se dizer que a transferência compõe de diferentes formas o discurso freudiano, conforme trate-a em primeiro plano como é o caso de *A dinâmica da transferência* (1912) e *Observações sobre o amor transferencial* (1915), ou trate-a da perspectiva do método psicanalítico de tratamento das neuroses, como é o caso de *Recordar, repetir, elaborar* (1914), *Sobre o início do tratamento* (1913), *Recomendações aos médicos que exercem a psicanálise* (1912), *Análise Terminável e interminável* (1937), *Construções em análise* (1937) e *Esboço de psicanálise* (1938). No primeiro caso, parece dedicar-se a descrever movimentos de aproximação e recuo da consciência em rela-

---

11. Freud, S. A dinâmica da transferência (1912). *In: Obras Completas*, Vol. XII. RJ, Imago, 1972.
Freud, S. Recomendações aos médicos que exercem a psicanálise (1912). *In: Obras Completas*, Vol. XII. RJ, Imago, 1972.
Freud, S. Sobre o início do tratamento (1913). *In: Obras Completas*, Vol. XII. RJ, Imago, 1972.
Freud, S. Recordar, repetir e elaborar (1914). *In: Obras Completas*, Vol. XII. RJ, Imago, 1972.
Freud, S. Observações sobre o amor transferencial. *In: Obras Completas*, Vol. XII. RJ, Imago, 1972.

12. Freud, S. Análise terminável e interminável (1937). *In: Obras Completas*, Vol. XXIII. RJ, Imago,1972.
Freud, S. Esboço de psicanálise (1938). *In: Obras Completas*, Vol. XXIII. RJ, Imago, 1972.
Freud, S. Construções em análise (1937). *In: Obras Completas*, Vol. XXIII. RJ, Imago, 1972.

ção a um núcleo patogênico, por definição, inconsciente. Estamos diante de um Freud que explica mecanismos psíquicos, como que decalcando as habilidades de um indivíduo, de um corpo, para atacar ou fugir. Um Freud que explica, com esta encenação antropomórfica, mecanismos intrapsíquicos, acionados na relação com o médico, sobretudo[13]. No segundo caso, a transferência é considerada como um forte potencializador da interpretação ou, quando não identificada pelo analista, é vista como a mais habilidosa forma de resistência que pode conduzir à interrupção do tratamento. Em textos com esse perfil, Freud, entre muitas outras coisas, discute a transferência como condição de possibilidade da análise e, ao mesmo tempo e ato, um fator que tende a anulá-la ou a levar-nos a pensar em sua ineficácia no que diz respeito à cura, uma vez que parecem se intensificar, via transferência, todas as marcas de uma neurose de um paciente durante a psicoterapia.

Digno de nota nos escritos sobre a transferência (e isto acontece sobretudo naqueles relativos ao método psicanalítico), é o fato de Freud discuti-la em meio a um *texto* de caráter *normativo*, sobre *como deve proceder* o analista se *a* paciente se apaixonar por ele. Temos aqui alguns destaques a fazer.

A primeira questão que intriga é que nesses textos temos invariavelmente *uma mulher, no divã*. É ela que se apaixona ou que, por frustração de suas investidas amorosas, hostiliza, vinga-se, resiste à cura. *Na cadeira de analista*, temos *um homem*, um médico como, também invariavelmente, refere-se Freud ao lugar que ele ocupa em cena. E é ele — Freud, o médico, o analista — quem deve se conduzir no fio da navalha de atender sem nunca de fato atender aos apelos eróticos repetidos naquela relação, onde a paciente se vê (sem de fato se ver) muito perto de estímulos que lembram (sem de fato lembrar) a situação onde houve frustração significativa em sua história.

A segunda questão intrigante é o fato de serem estes os *textos* definitivamente *éticos* do criador da psicanálise. Não que este tema não apareça em outras ocasiões, mas o *Recomendações...* e o *Sobre o início do tratamento* podem ser considerados organizadores formais dessa instituição que então nascia. Normatizadores da conduta do *profissional*, como se refere Freud aos seus colegas/discípulos, nos idos de

---

13. Em outros textos, que intencionalmente deixamos de arrolar em função do recorte a que submetemos o presente estudo, Freud trata do tema da transferência em suas vinculações com o das pulsões, numa perspectiva energético-econômica, portanto. A título de exemplo, *Psicanálise e teoria da libido* (1923).

1912. A psicanálise mostra sua face como instituição concreta, e o psicanalista veste o hábito de profissional. Afinal, quem cria dá as vias! Os escritos de natureza técnica, parece, estão aí para isso. Tudo como se poderia supor e esperar... No entanto, o que não pode passar despercebido é que o conceito de transferência está sendo desenvolvido, de modo expresso, exatamente nesses textos. Nesse quadro, nesse contexto. Por acaso? Claro que não! Por problemas de Freud que teria dificuldade de resistir aos apelos de suas pacientes e então inventa se instrumenta da teoria e estende as regras aos seus seguidores? Claro que não dá para afirmar isto! O que dá para pensar é que *há algo no conceito que só se desenha por, para e com os traços e as cores de um discurso normativo*, em condições particularmente embaraçosas que envolvem o analista. Dá para pensar que estão intimamente ligados os termos definidores da transferência e os da ética de conduta do analista.

E é assim que nosso Freud pode se enredar nas malhas de suas idéias e proposições: a sexualidade, berço e alvo das peripécias das pacientes, por efeito transferencial, atinge o analista, que precisa estabelecer limites à conduta. No discurso da sexualidade, constitui-se, inelutavelmente, o da transferência e seu desdobramento ético. E, de quebra, decalca-se o lugar do analista.

Interpretações nossas à parte, o que de fato interessa é que *o teor normativo traz à cena, expressamente, o analista-Freud*. Por remissão e implicação lógica, *o que tornou isto possível, foi a transferência*, ou melhor, o intento de Freud de entender/explicar algo que ele mesmo identificou e considerou fundamental nos atendimentos que fazia.

Que o leitor me siga em alguns outros extratos para que se possa dar apoio a tais afirmações. Dois textos serão diretamente trabalhados, por seu caráter exemplar no tratamento da questão em foco: *Recordar, repetir e elaborar* (1914) e *Observações sobre o amor transferencial* (1915).

O primeiro traz a transferência pensada como uma *espécie* de recordação, uma vez que *o paciente*[14] propriamente não recorda a situação inconsciente instituinte, geradora, do conflito psíquico, e sim, de certa forma *atua-a* numa repetição, em que o médico é colo-

---

14. Note-se o emprego do termo no genérico masculino. Quando dá explicações do ponto de vista dos mecanismos psíquicos endógenos, da maior ou menor aproximação do núcleo patógeno à consciência, Freud põe em cena um paciente masculino genérico. Quando, como já notificamos, trata das circunstâncias amorosas em que o paciente insistiria em envolver o analista, emprega o termo no feminino. Mesmo que, ao que tudo indica, seja apenas uma questão de nível em que se trabalhe teoricamente a relação analítica.

A CLÍNICA PSICANALÍTICA NA SOMBRA DO DISCURSO                                    117

cado na posição de alguém que foi significativo no passado; esta *impensada lembrança* é ao mesmo tempo, de um lado, a condição de elaboração do conflito, quando pode ser devidamente elucidada a relação deste presente com o passado e, de outro, a condição de fomento da resistência, quando desta relação não se pode ter conhecimento, ou seja, quando ela não se pode tornar consciente.

Em *Observações sobre o amor...*, a transferência está em primeiro plano, sendo pensada na fronteira quase indefinível entre o caráter técnico e o caráter moral das palavras de Freud. Como se verá, diferente do *Recordar...*, aqui, *a* paciente é invariavelmente uma mulher que se diz amando *seu médico*, acarretando-lhe (ao médico) toda sorte de conflitos, desta vez éticos; estando o que pode haver de psicológico apenas sugerido ou mencionado como uma genérica contratransferência. Em verdade, uma *saia justa* dentro da qual nosso autor — homem, médico e psicanalista — revolve as mais retorcidas considerações e ponderações teóricas, até afirmar que a ética pode vencer a erotização. Com a melhor das intenções, é claro. E, sem se dar conta, ao que indicam todos os parágrafos e raciocínios, do lugar feminino do paciente contracenando com o masculino do analista, exatamente quando o assunto é amor e transferência; sem se dar conta de como o salseiro é assim armado, urgindo o estabelecimento de normas; sem se dar conta, por fim, de que é pela discussão da transferência na relação assim analítica, que o analista se vê com um assento, em pleno palco, com direito a falas pautadas por um texto de recomendações para que se *mantenha nos trilhos*, previamente também eles assentados. Com a melhor das intenções, ainda, o texto revela/esconde, *em ato*, que o analista tem a mesma natureza psíquica que ele concebe para o paciente. Mas ninguém é efetivamente perfeito... Não daria para dizer alguma coisa e ao mesmo tempo ter a exata consciência do que se mostra enquanto se diz; sobretudo quando se trata de temáticas tão acaloradas ou, como o próprio Freud diria, tão sensuais.

Estes nossos comentários, como afirmei antes, *recortam* o texto de Freud, e, com isso, *recontam-no*. Creio que sem descaracterizá-lo. Mesmo assim, ficam as indicações para uma leitura do conjunto, onde este e outros recortes paralelos poderiam ser feitos. Igualmente, os textos aqui indicados sobre o assunto e que não foram trabalhados no momento merecem ser consultados. Garantimos que mantêm o teor e a textura dos escolhidos para exame. Mais que isto, convidam ao trabalho de análise que nos dispusemos fazer em parceria com quem ora se dedica a acompanhar-nos.

Novamente, com o leitor, as palavras de Freud, para que se possa testar a justeza dessas nossas observações.

Em *Recordar, repetir e elaborar* (1914):

> *Finalmente, desenvolveu-se a técnica sistemática hoje utilizada, na qual o analista abandona a tentativa de colocar em foco um momento ou um problema específicos. Contenta-se em estudar tudo o que se ache presente, de momento, na superfície da mente do paciente e emprega a arte da interpretação principalmente para identificar as resistências que lá aparecem e torná-las conscientes ao paciente. (p. 193)*

> *(...)*

> *(...) o paciente não recorda coisa alguma do que esqueceu e reprimiu, mas expressa-o pela atuação ou 'atua-o'. Ele o reproduz não como lembrança, mas como ação; repete-o, sem, naturalmente, saber que o está repetindo. Por exemplo, o paciente não diz que recorda que costumava ser desafiador e crítico em relação à autoridade dos pais; em vez disso, comporta-se dessa maneira com o médico. (p. 196)*

> *(...)*

> *Quanto maior a resistência, mais extensivamente a atuação (repetição) substituirá o recordar. (p. 197)*

> *(...)*

> *(...) o que é que ele repete ou atua? (...) tudo o que já avançou a partir das fontes do reprimido para sua personalidade manifesta — suas inibições, suas atitudes inúteis e seus traços patológicos de caráter. (...) todos os seus sintomas (...). (...) devemos tratar sua doença não como um acontecimento passado, mas como uma força presente. (p. 198)*

> *(...)*

> *A transferência cria, assim, uma região intermediária entre a doença e a vida real. (p. 201)*

A CLÍNICA PSICANALÍTICA NA SOMBRA DO DISCURSO

*(...)*

*Só quando a resistência está em seu auge é que pode o analista, trabalhando em comum com o paciente, descobrir os impulsos instituais reprimidos que estão alimentando a resistência. (p. 201)*

*(...)*

*A elaboração das resistências (...) trata-se da parte do trabalho que efetua as maiores mudanças no paciente. (p. 202)*

*Passemos ao Observações sobre o amor transferencial (1915).*

*O que tenho em mente é o caso em que uma paciente demonstra, mediante indicações inequívocas, ou declara abertamente, que se enamorou, como qualquer outra mulher mortal poderia fazê-lo, do médico que a está analisando. (p. 208)*

*(...)*

*Para um leigo (...) são possíveis apenas dois desfechos. Um (...) é (...) uma união legal entre eles; o outro é que médico e paciente se separem e abandonem o tratamento que iniciaram (...). Há um terceiro desfecho concebível, que até mesmo parece compatível com a continuação do tratamento. É que eles iniciem um relacionamento amoroso ilícito e que não se destina a durar para sempre. Mas esse caminho é impossível por causa da moralidade convencional e dos padrões profissionais. (p. 209)*

*(...)*

*Para o médico, o fenômeno significa um esclarecimento valioso e uma advertência útil contra qualquer tendência a uma contratransferência que pode estar presente em sua própria mente. Ele deve reconhecer que o enamoramento da paciente é induzido pela situação analítica e não deve ser atribuído aos encantos da própria pessoa; de maneira que não tem nenhum motivo para orgulhar-se de tal conquista, como seria chamada fora da análise. E é sempre bom lembrar-se disto. Para a paciente, contudo, há duas alternativas: abandonar o tratamento psicanalítico ou aceitar enamorar-se de seu médico como destino inelutável. (pp. 210/211)*

*(...)*

*Chegou ao meu conhecimento que alguns médicos que praticam a análise preparam suas pacientes para o surgimento da transferência erótica ou até mesmo as instam a 'ir em frente e enamorar-se do médico, de modo a que o tratamento possa progredir'. Dificilmente posso imaginar procedimento mais insensato. Assim procedendo, o analista priva o fenômeno do elemento de espontaneidade que é tão convincente e cria para si próprio, no futuro, obstáculos difíceis de superar. (p. 211)*

*(...)*

*(...) motivos que complicam ainda mais as coisas — dos quais alguns se acham vinculados ao enamoramento e outros são expressões específicas da resistência. Do primeiro tipo são os esforços da paciente em certificar-se de sua irresistibilidade, em destruir a autoridade do médico rebaixando-o ao nível de amante e em conquistar todas as vantagens prometidas que são incidentais à satisfação do amor. Com referência à resistência, podemos suspeitar que, ocasionalmente, ela faz uso de uma declaração de amor da paciente como meio de colocar à prova a severidade do analista, de maneira que, se ele mostrar sinais de complacência, pode esperar ser chamado à ordem por isso. (p. 212)*

*(...)*

*Mas como deve o analista comportar-se, a fim de não fracassar nesta situação (...) e (...) enfrentá-la com calma?*

*Ser-me-ia fácil enfatizar os padrões universalmente aceitos de moralidade (...). Não atenderei, contudo, a estas expectativas (...). Encontro-me, nesta ocasião, na feliz posição de poder substituir o impedimento moral por considerações da técnica analítica, sem qualquer alteração no resultado. (p. 213)*

*(...)*

*O caminho que o analista deve seguir (...) é um caminho para o qual não existe modelo na vida real. Ele tem de tomar cuidado para não se afastar do amor transferencial, repeli-lo ou torná-lo desagradável para o paciente; mas deve, de modo igualmente resoluto, recusar-lhe qualquer retribuição. Deve manter um firme domínio do amor transferencial, (...) e remontar às suas origens e que pode ajudar a trazer tudo que se acha muito profundamente oculto na vida erótica da paciente para sua consci-*

# A CLÍNICA PSICANALÍTICA NA SOMBRA DO DISCURSO

ência e, portanto, para debaixo de seu controle. *Quanto mais claramente o analista permite que se perceba que ele está à prova de qualquer tentação, mais prontamente poderá extrair da situação seu conteúdo analítico.* (p. 216)

*(...) Existe uma classe de mulheres com quem esta tentativa de preservar a transferência erótica para fins do trabalho analítico, sem satisfazê-la, não logrará êxito. Trata-se de mulheres de paixões poderosas, que não toleram substitutos. São filhas da natureza que se recusam a aceitar o psíquico no lugar do material.* (p. 217)

*(...)*

*O trabalho visa, então, a desvendar a escolha objetal infantil da paciente e as fantasias tecidas ao redor dela.* (p. 119)

*(...)*

*A disposição da paciente não faz diferença; simplesmente lança toda a responsabilidade sobre o próprio analista. (...). É-lhe, portanto, evidente que não deve tirar qualquer vantagem pessoal disso.* (p. 219)

*(...)*

*Para o médico, motivos éticos unem-se aos técnicos para impedi-lo de dar à paciente seu amor. O objetivo que tem de manter à vista é que essa mulher, cuja capacidade de amor fica prejudicada por fixações infantis, deve adquirir pleno controle de uma função que lhe é de tão inestimável importância. (...). Não quero dizer que é sempre fácil ao médico manter-se dentro dos limites prescritos pela ética e pela técnica.* (p. 219)

*(...) Por outro lado, quando uma mulher solicita amor, rejeitá-la e recusá-la constitui papel penoso para um homem desempenhar; e, apesar da neurose e da resistência, existe um fascínio incomparável numa mulher de elevados princípios que confessa sua paixão. (...). São talvez os desejos de mulher mais sutis e inibidos em seu propósito que trazem consigo o perigo de fazer um homem esquecer sua técnica e sua missão médica no interesse de uma bela experiência.* (p. 220)

*(...)*

*O psicoterapeuta analítico tem assim uma batalha tríplice a travar — em sua própria mente, contra as forças que procuram arrastá-lo para baixo do nível analítico; fora da análise, contra opositores que discutem a importância que ele dá às forças instintuais sexuais e impedem-no de fazer uso delas em sua técnica científica; e, dentro da análise, contra as pacientes, que a princípio comportam-se como opositores, mas, posteriormente, revelam a supervalorização da vida sexual que as dominam e tentam torná-lo cativo de sua paixão socialmente indomada. (p. 220)*

*(...)*

*O psicanalista sabe que está trabalhando com forças altamente explosivas e que precisa avançar com tanta cautela e escrúpulo quanto um químico. (p. 221)*

Então? Não é uma verdadeira delícia seguir o curso, nem tão livre mas absolutamente franco, das idéias deste homem-profissional, no exercício de seu ofício, buscando e produzindo, a olhos vistos, coerência entre a teoria que inventa e as relações concretas em que se vê envolvido? Afinal, estas últimas não podem, sob qualquer hipótese consciente, trair as primeiras. Mas, como não poderia deixar de ser, não creio que tivesse consciência exata de todo esse quadro que diz respeito ao gênero e à sexualidade, ao discurso de época e de muitas épocas, que tecia latinamente suas palavras. Não se poupou, no entanto de dizê-las e, com isso, abriu-nos um campo discursivo como qualquer outro, regulado, exclusivo, definidor de verdades insuspeitas, positivamente na ordem de seu, de nosso, tempo.

O que se abre com este campo é a possibilidade de se criarem e recriarem outras possibilidades de pensar. Por certo, novos pontos cegos se configurarão, mas tal ameaça também não nos impedirá de continuar pensando.

# Transferência, cena, marcação de lugares

A partir de agora, discutiremos, *de outra perspectiva*, o conceito de transferência, buscando um ponto possível para trabalhá-lo, na fronteira entre essa psicanálise e a Análise do Discurso que nos apresenta Dominique Maingueneau. Mãos à obra!

A CLÍNICA PSICANALÍTICA NA SOMBRA DO DISCURSO
123

Dentre as poucas definições diretas que Freud apresenta para o termo transferência, encontramos:

*(...) uma classe especial de estruturas mentais, em sua maior parte inconscientes (...).*

*São novas edições, ou 'fac-símiles', dos impulsos e fantasias que são criados e se tornam conscientes durante o andamento da análise; possuem, entretanto, esta particularidade, que é característica de sua espécie: substituem uma figura anterior pela figura do médico. (p. 113)*

Só alguns anos mais tarde, Freud estende, expressamente no plano conceitual, a ocorrência da transferência para outras relações que não as analíticas; sem deixar de enfatizar, no entanto, a especialidade destas últimas.

*(...) um método específico e próprio de conduzir-se na vida erótica (...) como um clichê estereotípico (ou diversos deles) constantemente repetido — reimpresso — no decorrer da vida da pessoa, na medida em que as circunstâncias externas e a natureza dos objetos amorosos a ela acessíveis permitam. (p. 133)*

Se repetimos agora dois extratos, já citados em páginas anteriores, é para que se possa tê-los à mão, pontualmente, quando chega a hora de ficar com o que parecem ser o sumo de definições.

O que estas definições positivam a respeito da transferência?

1. Que a transferência é um conjunto de *estruturas mentais*.
2. Que são essas estruturas mentais que *se repetem*.
3. Que elas *são impulsos* e *fantasias*.
4. Que são um modo de condução da *vida erótica*.
5. Que se *atualizam* quando há *circunstâncias externas* favoráveis.
6. Que as circunstâncias externas favoráveis são aquelas que re-apresentam *objetos amorosos*.
7. Que estes objetos amorosos, atuais e circunstancialmente favoráveis, prestam-se a *substituir* uma *figura anterior* significativa para a pessoa.
8. Que tudo isto é *inconsciente*.

Em tese, está aí aquilo de que precisamos para trazer o termo transferência para a fronteira conceitual em que estamos trabalhando.

Estão aí, que se diga inclusive, as condições para operar com este conceito de outra forma na clínica, bem como para migrar com ele para além da clínica, pensando, também, outras instituições concretas, na interface da psicanálise com a AD.

Ou seja, o termo ganha, cuidadosamente, o movimento necessário para que seja um organizador em outra estratégia de pensamento. Em nosso caso, aquela que trabalha analiticamente com um determinado modo de entender o discurso na clínica psicanalítica, por sua vez entendida como instituição: a cenografia é o nível em que se põe a análise.

Cabe, no entanto, proceder a algumas delimitações, a uma espécie de limpeza de terreno, de demarcação de contornos para que se tenha essa liberdade de pensar, com a transferência, uma diversidade de situações. Se tudo está, em tese, no dito de Freud, há desdobramentos que terão de ser reorientados, para dar conta de outro contexto conceitual. Sempre, reafirmando que ninguém está se propondo a derrubar castelos de carta. São rearranjos pontuais, que deslocam o pensamento para um outro campo. Se pontuais, mais visam a reacomodar a psicanálise permanecendo nela do que deixá-la de lado. Como tantas, uma releitura da psicanálise. Pretensões à parte (e elas, claro, sempre existem!), o que nos diferencia no momento é o fato de afirmar que até certo ponto, não é mais Freud. É freudiano, mas não mais Freud. É psicanalítico, mas modificado.

Pois bem. Com esses apartes em ação, *vamos aos cortes e recortes, na expectativa de convencer o leitor que, depois de recosturado o tecido permanecerá psicanálise.*

O que fica da definição de Freud é a idéia de que uma *cena se reedita*. E é aqui que reconhecemos o que permite deslizar para a noção de instituição e de cena enunciativa ou melhor, de cenografia. A *cena* diz da possibilidade de um acerto básico em que os parceiros se identificam e identificam o outro com uma certa estabilidade de posições. Como diz Dominique, ao colocar a cenografia como o nível mais imediato da relação de enunciação ou do gênero discursivo, os parceiros se tranqüilizam quando se estabelecem expectativas de ação/reação por parte de um e do outro.

A CLÍNICA PSICANALÍTICA NA SOMBRA DO DISCURSO 125

Freud a pensa ao seu modo: como o que pode trazer alguma satisfação, na medida em que faz a substituição e com a repetição realiza em algum grau o desejo investido nas figuras parentais significativas. A erotização, isto é, o impulso, ainda que indiretamente, alcança suas finalidades.

Como dissemos antes, no entanto, a noção de impulso/pulsão é de pouca valia clínica, tanto para 'entender' o que noz diz o paciente como para interpretar. Dito de outra forma, é de pouca valia para levantar e/ou proferir hipóteses interpretativas. Também nessa linha, situa-se a informação que nos dá a psicanálise, segundo a qual estariam os pacientes, transferindo para o analista sentimentos dirigidos primariamente para as figuras parentais. Estou certa de que os colegas psicanalistas já testaram o ruidoso fracasso de interpretações que 'mostrem' ao paciente que se comporta como gostaria de ter se comportado ou como efetivamente se comportou (e no ato, reprimiu) com o pai, com a mãe ou equivalentes, na infância. Se essas informações 'teóricas' têm algum valor, é para 'consumo interno', ou seja, é para construir uma hipótese interpretativa que não será proferida. E, com certeza já tem força demais, permanecendo assim muda, sobretudo quando o analista aposta nela 'suas fichas', mesmo que em silêncio. Sim, porque ela passa a dirigir a escuta analítica.

Alguém poderia perguntar sobre questões de profundidade: não seria muito superficial ficar atento a posições na enunciação? A resposta é, definitivamente, não! É surpreendente o efeito de atentar para a rede de responsabilidades sobre o que se fala, para o lugar que se coloca aquele que nos fala, o lugar em que nos coloca, o lugar que assumimos, o modo como nos posicionamos, o que elegemos como o sentido do que se fala, e assim por diante. Que se tente e se verá o tamanho do desafio.

Ora, no plano da cenografia, concretamente, evidenciam-se movimentos de subversão de papéis e expectativas. E isto com a inconsciência reconhecedora de legitimidade de se falar a partir daquele lugar e não qualquer outro. Evidenciam-se da mesma forma movimentos de repetição confirmadora, de ataque, de fuga, não importa, propriamente a qualidade e, sim, que se faz subverter, confirmar, atacar ou fugir. Importa que é assim, por exemplo, que uma relação terapêutica, por suposto, põe o analista como analista, mas o paciente pode vivê-la como relação fraterna, paterna, amistosa ou hostil. O analista, por sua vez, reconstitui a cena analítica ao sabor de suas repetições: pode vivê-la como mais ou menos ortodoxo, correspondendo mais ou menos ao *ethos de psicanalista*; pode ainda assumir um papel consignado para uma relação amistosa, doutoral, fria ou calorosa. O fato é que realmente o salseiro das relações concretas se instaura. É o jogo transferencial. É a tessitura concreta do e no quadro, na cena genérica das terapias. É o terreno disposto à análise.

Em vias finalizar, alguns 'ses' (condicionais).

... Se nos ativermos à idéia de que algo se repete e que nessa repetição, ao mesmo tempo, estabiliza-se e estranha-se, ou seja, legitima um certo modo de ser e de fazer, mas ao mesmo tempo força as fronteiras e as regras para subvertê-las, sendo e fazendo de forma até certo ponto diferente.

... Se nos ativermos à idéia de que o que irrita a estabilidade da instituição clínica é o modo como cada parceiro do jogo carrega, para a cena que então se reconstitui, seus modos singulares de se relacionar e de se posicionar, construídos vida a dentro.

... Se nos ativermos à idéia que expectativas se recriam e criam, numa luta constante para que as coisas funcionem *comme il fault*: um analista e seu paciente fazendo acontecer uma análise que atenda a interesses e finalidades de ambos.

... Se nos ativermos à idéia de que não nos damos conta, quando em cena, desses reguladores do discurso.

... Se nos ativermos à idéia de que os sentidos possíveis para o que se fala em sessão, só se configuram paradoxalmente pelo exercício da singularidade no que é genérico.

... Se, tudo isto.

Concluímos que, mesmo prescindindo das origens pulsionais, das finalidades de satisfação erótica, das *imagos* infantis e das catexias de objetos amorosos, podemos operar no contexto da clínica com esta providencial criação freudiana: o conceito de transferência. Neste recorte que dele fazemos, está a condição de, num mesmo golpe, lidar com a singularidade psíquica, tomando-a como a subjetividade que a instituição psicanalítica e o gênero clínico tecem. É por ele que damos conta de tratar, sem dicotomias, a clínica em sua especificidade institucional.

E como tal, a clínica, na sombra dos movimentos do discurso, como cena enunciativa, pela transferência, se pode dizer psicanalítica.

É o que se queria demonstrar nestas páginas...

# EPÍLOGO

# ENFIM....

# *Reafirmando*

Tenho certeza de que o leitor que acompanhou atentamente as muitas e, talvez excessivamente insistentes, tentativas de produção de pensamento nas fronteiras entre as duas áreas do conhecimento aqui destacadas — Psicanálise e Análise do Discurso — já se deu conta daquilo que creio ser o alcance maior deste livro. No entanto, retomo-o agora com a finalidade de dizer em poucas palavras o que se quis demonstrar.

Desde o início, todo cuidado foi pouco no sentido de demarcar as diferenças entre os dois terrenos que queríamos ao final ver avizinhados e, por que não?, entremeados. O rigor de pensar impõe-nos essa tarefa.

Depois, pareceu necessário definir com clareza que a clínica psicanalítica poderia se alterar e beneficiar se operasse com alguns conceitos formulados na Análise do Discurso, como os de *discurso, gênero discursivo, cenografia*. Todos eles, de certa forma, já devidamente emparelhados a uma determinada concepção da ação humana tal como organizada pelas instituições concretas.

Pode-se ter pensado, a essa altura, que a psicanálise estaria sofrendo uma espécie de descaracterização e que esta autora se distanciava dos seus parceiros de ofício, os psicanalistas, para reconhecer, fora de seu campo, o que efetivamente constituísse o trabalho analítico.

Foi exatamente aí, no entanto, que se fez o giro mais significativo. Pelo conceito de transferência, criação freudiana de porte, foi possível discutir a viabilidade das articulações entre uma determinada Análise do Discurso e uma Psicanálise, aquela das origens, da propositura original de uma clínica terapêutica. Pela análise de textos do próprio Freud, apontou-se para as condições de, sem sair da cena psicanalítica, tomá-la exatamente como uma instituição concreta, um gênero discursivo, uma cenografia, em que os parceiros, em posições desiguais, reeditam, reimprimem, lugares prenhes de sentimentos que desconhecem, mas atuam suas cenas originárias. Ora, não haveria como negar a legitimidade dessa clínica como psicanalítica! Afinal, tudo se assentou no dizer do criador: Freud. Dele a autorização para este ousado vôo, nas asas de uma clínica assim concretamente psicanalítica.

O desafio que permanece é o de acompanhar, no cotidiano de nossas clínicas, se a proposta se sustenta. O desafio é acompanhar seus feitos e efeitos.

De minha parte, posso garantir que vale a pena!

# Bibliografia

Foucault, M. *El orden del Discurso*. Barcelona, Tusquets Editores, 1980 (ed. original, 1970).

Freud, S. A Interpretação dos Sonhos (1900). In: Obras Completas. Rio de Janeiro, Imago, 1969, vol. IV e V.

_____. Fragmentos da Análise de uma Histérica (1905). In: Obras Completas. Rio de Janeiro, Imago, 1969, vol. VII.

_____. A Dinâmica da Transferência (1912). In: Obras Completas. Rio de Janeiro, Imago, 1969, vol. XII.

_____. Observações sobre o Amor Transferencial (1914). In: Obras Completas. Rio de Janeiro, Imago, 1969, vol. XII.

_____. Recordar, Repetir e Elaborar (1914). In: Obras Completas. Rio de Janeiro, Imago, 1969, vol. XII.

_____. Sobre o Início do Tratamento (1913). In: Obras Completas. Rio de Janeiro, Imago, 1969, vol. XII.

_____. Recomendações aos Médicos que Exercem a Psicanálise In: Obras Completas. Rio de Janeiro, Imago, 1969, vol. XII.

_____. O Estranho (1919). In: Obras Completas. Rio de Janeiro, Imago, 1969, vol. XII.

_____. A Denegação (1919). In: Obras Completas. Rio de Janeiro, Imago, 1969, vol. XII.

_____. O Ego e o Id (1923). In: Obras Completas. Rio de Janeiro, Imago, 1969, vol. XIX.

_____. Inibição Sintomas e Angústia (1925). In: Obras Completas. Rio de Janeiro, Imago, 1969, vol. XX.

_____. Construção em Análise (1937). In: Obras Completas. Rio de Janeiro, Imago, 1969, vol. XXIII.

_____. Análise Terminável e Interminável (1937). In: Obras Completas. Rio de Janeiro, Imago, 1969, vol. XXIII.

_____. Esboço da Psicanálise (1938). In: Obras Completas. Rio de Janeiro, Imago, 1969, vol. XXIII.

Guilhon Albuquerque, J.A. *Instituição e Poder*. Rio de Janeiro, Graal, 1980.

Guirado, M. *Psicanálise e Análise do Discurso — matrizes institucionais do sujeito psíquico*. São Paulo, Summus, 1995.

Maingueneau, D. *Novas Tendências na Análise do Discurso*. Campinas, Pontes, 1989.

Maingueneau, D. Aulas proferidas no Curso de Pós-Graduação do Instituto de Psicologia da Universidade de São Paulo. Março/Abril de 1995.